Dieter Schwartz

Nicht gleich den Kopf verlieren

Dieter Schwartz

Nicht gleich
den Kopf verlieren

Vernünftiger Umgang mit
selbstschädigenden Gefühlen

Praxis der Rational-Emotiven
Therapie (RET)

Herder Freiburg · Basel · Wien

Umschlagfoto: BAV – Helga Lade
Alle Rechte vorbehalten · Printed in Germany
© Verlag Herder Freiburg im Breisgau 1991
Herstellung: Ebner Ulm 1991
ISBN 3-451-22431-3

*Die einzigartige Fähigkeit des Gehirns liegt darin,
daß es bis zu einem gewissen Grade seine Reaktionen
auf äußere Umstände selbst kontrolliert.*

Prof. Dr. Peter W. Atkins, Quantentheoretiker
Schöpfung ohne Schöpfer

Inhaltsverzeichnis

Vorwort   9

Einleitung: 11

Was ist Rational-Emotive Therapie (RET)?

Teil I: **Die Grundlagen**

1   Das ABC des zufriedenen Lebens oder wie
belastende Gefühle entstehen   21

Übung 1: Identifizieren Sie Ihre Gefühle   22

Übung 2: Identifizieren Sie Ihr Verhalten   23

Übung 3: Wenden Sie das ABC-Modell bei sich an . .   27

Angemessene und unangemessene Gefühle   30

Übung 4: Suchen Sie nach Muß-Annahmen   35

2   Wie Sie selbstschädigendes Denken herausfinden
und verändern   36

Selbstschädigende Denkgewohnheiten   36

Übung 5: Finden Sie Ihre selbstschädigenden
Denkgewohnheiten   38

Das Anzweifeln selbstschädigender Ideen   40

Übung 6: Lernen Sie zu disputieren   48

Eine neue Lebensphilosophie   49

Vorsicht vor positivem Denken   50

3   Die Praxis der Selbstveränderung   52

Gedankenmethoden der Selbstveränderung   52

Die Rationale Selbstanalyse (RSA)   52

Übung 7: Machen Sie eine RSA   53

Das Disputieren selbstschädigender Ideen (DSI) . . . 53
Übung 8: 10 Minuten täglich DSI 57
Das rational-irrationale Selbstgespräch 59
Übung 9: Dialog mit sich selbst 60
Der sprachliche Faktor für Ihr Wohlbefinden 60
Übung 10: Konkretisieren Sie Ihr Denken 63
Gefühlsmethoden der Selbstveränderung 64
Erleben Sie, wie Sie Ihre Gefühle verändern können:
Die Rationale Vorstellungsübung 64
Übung 11: Mit der Rationalen Vorstellungsübung
Problemsituationen bewältigen 67
Verhaltensmethoden der Selbstveränderung 68
Handeln, nicht debattieren! 68
Shame-attacking exercises 71
Übung 12: Attackieren Sie Ihre Peinlichkeitsgefühle 72
Inneren Widerstand durch Selbst-Management
überwinden 73
Übung 13:
Bekämpfen Sie Ihre geringe Frustrationstoleranz . 75
Übung 14: Verhaltensstrategien entwickeln, um zu
erreichen, was Sie erreichen wollen 77

Teil II: Problemfelder

4   Die Bewältigung von Depressionen und geringer
Frustrationstoleranz 79

5   Schuldgefühle überwinden – Mitgefühl entwickeln   87

Wegweiser zur Überwindung von Schuldgefühlen   . . 92

6   Die „unglückliche" Liebe 94

7   Sexualität: Mit Verstand lieben 99

8 Wie Sie mit Partnerproblemen umgehen 106

Die rational-emotive Psychologie der
    Beziehungskonflikte 113
Was ist Liebe? 113
Ist die Ehe (die Beziehung) harmonisch? 114
Die gestörte Beziehung: Was tun? 115

9 Emotionale Blockaden und Schwierigkeiten im
   Berufsleben 118

Angst vor beruflichen Anforderungen 119
Ärger im Beruf 124
Übung 15: Einschätzung Ihrer selbstschädigenden
    feindseligen Haltung und Ihres Ärgers 128
Übung 16: Disputation Ihres Ärgers und Ihrer
    Feindseligkeit 130

10 Noch mehr Hilfe zur Selbsthilfe 131

Übungen 17 und 18:
    Korrigieren Sie eine Klienten-RSA 134
Möchten Sie Ihre Selbsthilfearbeit überprüfen lassen? 141

Anhang 143
Bibliotherapie 143
Selbsthilfe-Formular 144
Beispiel-Selbsthilfe-Formular 148
New Yorker Self Help Form 152

Literaturverzeichnis 154
Register 156
Adressen 160

Vorwort

In den letzten Jahren hat die Rational-Emotive Therapie (RET) des amerikanischen Psychotherapeuten Dr. Albert Ellis auch in Deutschland zunehmende Beachtung gefunden.

Die RET eignet sich aufgrund ihrer klar formulierten Basisannahmen besonders dazu, Menschen ein relativ leicht verständliches Erklärungsmodell ihrer emotionalen Probleme zu geben. Indem die RET an die Eigenverantwortlichkeit jedes einzelnen appelliert und die Möglichkeiten zu eigenständigen Problemlösungen aufzeigt, legt sie den Schlüssel für Veränderungen dorthin, wo er dem einzelnen oft am ehesten greifbar ist, bei ihm selbst. Die Erfahrung lehrt, daß Selbsthilfe-Ratgeber bei der so wichtigen Einleitung von Problemlösungsschritten und der Vermittlung von Erfolgserlebnissen von unschätzbarer Hilfe sein können. Ellis selbst hat mit großem Erfolg eine stattliche Anzahl dieser Selbsthilfe- Ratgeber publiziert, und ich freue mich, mit dem neuen Buch von Dieter Schwartz einen weiteren gelungenen Versuch vorstellen zu können, mit dem die Prinzipien der RET auf allgemein verständliche Weise dargelegt werden. Als geschätzter Kollege ist mir Dieter Schwartz schon seit langer Zeit wohl bekannt. Seine Persönlichkeit und vor allem auch seine langjährigen praktischen Erfahrungen im Umgang mit Menschen, sei es als Rechtsanwalt oder Psychotherapeut, bieten Gewähr, daß der Leser tatsächlich ein Buch in Händen hält, das ihm bei der Überwindung seiner tagtäglichen Probleme helfen kann. Das Leben zu meistern ist kein leichtes Unterfangen und bedarf der immerwährenden Anstrengung wie auch vieler Mühen, mehr aber noch sind Mut, Geduld und Ausdauer erforderlich. Wer diese Botschaft mit Hilfe der klar aufeinander aufbauenden Kapitel und Übungen des Buches umsetzt, wird so leicht nicht mehr den Kopf verlieren.

Möge die Lektüre dieses Buches allen Leserinnen und Lesern, zu denen es hinfindet, Freude bereiten und Kraft geben, ihr Schicksal in die eigene Hand zu nehmen.

Dr. Burkhard Hoellen
Diplom Psychologe

Einleitung

Was ist Rational-Emotive Therapie (RET)?

Die RET ist eine psychotherapeutische Schule, die sich seit den 50er Jahren zu einer der einflußreichsten Therapieformen des 20. Jahrhunderts entwickelt hat. Ihr Begründer ist der amerikanische Psychotherapeut *Dr. Albert Ellis*, geboren in Pittsburg, aufgewachsen in New York. Er praktiziert seit über 40 Jahren Psychotherapie, Ehe-/Familientherapie und Sexualtherapie. Über 550 Bücher und Schriften hat er seither verfaßt. Die meisten davon wenden sich an den Fachmann, den Psychotherapeuten, und vermitteln Theorie und Praxis der rational-emotiven Psychotherapie. Dies ist nicht Ziel des vorliegenden Buches! Ich will Ihnen vielmehr – wie ich hoffe, möglichst verständlich – zeigen, wie Sie Ihr Leben unter Anwendung der Grundsätze der RET zufriedener gestalten können (ohne Sie zum Psychotherapeuten ausbilden zu wollen).

Glücklicherweise gehört die RET zu den Psychotherapien, die sich besonders dazu eignen, in leicht verständlicher Form vermittelt zu werden. Praktisch jeder Mensch ist in der Lage, die Prinzipien der RET zu verstehen und bei sich anzuwenden, sofern er nur über gesunden Menschenverstand verfügt. So habe ich z. B. als Dozent für Psychologie an einer Erzieherschule über Jahre hinweg Hunderten von Schülern jeweils in wenigen Schulstunden die Rational-Emotive Therapie nahebringen können. Das Ellis-Buch „A New Guide to Rational Living" – ein Selbsthilfebuch für den Laien – wurde in den USA über eine Million mal verkauft.

Selbsthilfebücher seit der Antike

Dies ist nicht verwunderlich, wenn man bedenkt, daß das sogenannte Lebensbrevier, also gesammelte Ratschläge für die Lebensführung, bereits seit der Antike Tradition hat. Auch das uns nur in wenigen Bruchstücken erhalten gebliebene System der Welt- und Lebensanschauung des großen stoischen Philosophen *Epiktet*, geboren um 50 nach Christus, zu dessen Philosophie die RET sich bekennt, kann als Sammlung von Weisheiten und Lebensregeln, als „Trostbüchlein" gelten.[1] Das Werk des Philosophen auf dem Kaiserthron, des römischen Kaisers *Marc Aurel*, der unter dem Einfluß Epiktets in der stoischen Tradition erzogen wurde, war wohl eines der einflußreichsten Bücher, die je geschrieben wurden.[2] In beiden Schriften finden wir „antike Übungen in Gelassenheit"[3], die mit modernen Techniken der Psychotherapie vergleichbar sind.

Stoische Philosophie

Schon vor langer Zeit also haben Philosophen des Abendlandes wie *Zenon, Seneca*, der Sklave *Epiktet*, der Kaiser *Marc Aurel* und andere Stoiker sowie östliche Denker wie *Buddha* erkannt, daß absolutistisches, maßloses Denken ein Haupthindernis für eine zufriedene Lebensführung darstellt.
Das Programm der Stoiker läßt sich zusammenfassen in den drei Zeilen:

- Klares Denken
- Einsichtiges Wollen
- Vernünftiges Handeln

1 Epiktet, 1978, Handbüchlein der Moral und Unterredungen. Stuttgart: A. Kröner.
2 Marc Aurel, 1981. Des Kaisers Marcus Aurelius Antonius Selbstbetrachtungen. Stuttgart: Reclam.
3 Vgl. Hoellen, B. und Laux, J., 1987. Antike Seelenführung und moderne Psychotherapie. Universität Kaiserslautern.

Dabei hat einerseits jeder Mensch von Natur aus die Kraft, richtig zu denken. Nur wachsen die Menschen oft in einer Umwelt auf, die ihnen unvernünftige und falsche Anschauungen beibringt.

Andererseits haben wir Menschen die Tendenz, flüchtig, ungenau und verkürzt aufzufassen – eine Tendenz momentaner oder dauernder Geistesverwirrtheit, wie *Albert Ellis* es nennt. Jeder von uns kennt Situationen, z. B. im Straßenverkehr, wo wir leicht „ausrasten", weil uns von einem anderen Verkehrsteilnehmer die Vorfahrt genommen wurde oder wir sonst unfair behandelt werden. Daher bedarf es ständiger Kraft und Energie, um die naturgegebenen Kräfte der Vernunft zu erhalten und zu fördern.

Moderne Philosophen und Denker wie *Spinoza, Goethe, Friedrich der Große, John Dewey* und *Bertrand Russel*[4] haben diese antiken Lehren aufgegriffen.

Stoische Philosophie und moderne Psychotherapie

So fanden sie auch Eingang in das Denken einiger Pioniere der Psychotherapie unseres Jahrhunderts.[5]

Wenn Sie jetzt an *Sigmund Freud* denken, so irren Sie allerdings. Freuds System der Psychoanalyse ist zu sehr dogmatisch festgelegt auf Triebkonzepte und Triebschicksale in frühester Kindheit: Ödipuskonflikt, unbewußte Haß- und Schuldgefühle aus dieser Zeit scheinen wenig mit aktuellen emotionalen Störungen zu tun zu haben.

Albert Ellis begann seine psychotherapeutische Laufbahn mit klassischer Psychoanalyse und psychoanalytisch orientierten Verfahren. Aber er erkannte schließlich deren außerordentliche Unwirksamkeit und suchte nach effizienten Methoden, um seinen Patienten helfen zu können. Im Gegensatz zu

---

4 Vgl. Russell, Bertrand. 1982. Eroberung des Glücks. Neue Wege zu einer besseren Lebensgestaltung. Frankfurt a. M.: Suhrkamp.

5 Vgl. auch Hoellen, B. und Laux, J., 1987. Antike Seelenführung und moderne Psychotherapie. Universität Kaiserslautern.

Freud hatten Psychotherapeuten wie *Alfred Adler, Paul Dubois, Alexander Herzberg* u. a. Anschauungen entwickelt, die dem philosophischen Kern *Epiktets* näher standen. Insbesondere der Auffassung, wie sie sich in folgendem berühmten Ausspruch Epiktets widerspiegelt:

> Nicht die Dinge selbst beunruhigen die Menschen, sondern die Vorstellungen von den Dingen.

Wenn wir uns zum Beispiel vorstellen, es könnte ein Reifen platzen, während wir mit 100 Stundenkilometern auf der Autobahn fahren, so werden wir uns eines beunruhigenden Gefühls kaum erwehren können. Epiktet selbst bezog seinen Ausspruch auf das Beispiel, das Sokrates gab, der bekanntlich seinem Tod durch den Schierlingsbecher gelassen entgegenblickte, während seine Schüler sich höchst beunruhigten. Er folgerte daraus: „So ist z. B. der Tod nichts Furchtbares – sonst hätte er auch dem Sokrates furchtbar erscheinen müssen –, sondern die Vorstellung, er sei etwas Furchtbares, das ist das Furchtbare."

Darüber hinausgehend erkannte *Ellis*, daß emotionale Störungen eng mit bestimmten irrationalen Ideen verknüpft sind und begann demnach, diese selbstschädigenden Überzeugungen seiner Patienten herauszufinden und in Frage zu stellen. So überwanden seine Patienten ihre emotionalen Störungen viel schneller und gründlicher. Die Rational-Emotive Psychotherapie war geboren.

Widerstände gegen die RET

Zunächst allerdings stand *Albert Ellis* mit seiner Überzeugung, daß emotionale Störungen weitgehend mit irrationalem Denken zusammenhingen, unter den damals tonangebenden Psychotherapeuten ziemlich alleine. *Freud*ianer, *Jung*ianer, *Roger*ianer und orthodoxe Verhaltenstherapeuten feindeten seine Sichtweise stark an. Hinzu kam, daß der aktiv-direktive therapeutische Stil von *Ellis*, der sich nicht scheute, seinen Patienten konkrete Ratschläge zu geben, der zurückhaltenden Vorgehensweise *Roger*ianischer Therapeuten wenig entsprach.[6] Das *Roger*ianische System verlangte geradezu vom Psychotherapeuten, daß er sich aktiver Ratschläge enthielt und auf eine Frage des Patienten in der Regel mit einer Gegenfrage (nicht) antwortete.

Albert Ellis ließ sich von diesen Schwierigkeiten nicht beirren und entwickelte sein therapeutisches System der RET konsequent weiter.

Die kognitive Wende in der Verhaltenstherapie

Schließlich vollzog die klassische Verhaltenstherapie in der Folge der RET die sogenannte kognitive Wende – mit führenden Therapeutenpersönlichkeiten wie *Aaron T. Beck, Marvin Goldfried, Arnold Lazarus, Michael Mahoney* und *Donald Meichenbaum*.

RET und Kognitive Verhaltenstherapie (KVT) stellen seither einen Haupttrend der modernen Psychotherapie dar.

Die Situation bei uns in Deutschland

Einige Sätze möchte ich Ihnen noch zur Situation in Deutschland sagen. Hierzulande gewinnen RET und Kognitive Verhaltenstherapie ebenfalls zunehmend Anhänger im psychotherapeutischen Berufsstand, allerdings ist ihre Bedeutung noch nicht so erkannt wie in den Vereinigten Staaten. Das liegt wahrscheinlich daran, daß – wie die Psychologen seit Jahren wissen – Entwicklungen der amerikanischen Psychologie und Psychotherapie erst mit einigen Jahren Verspätung in Deutschland Geltung erlangen.

---

6 Die auf Carl Rogers zurückgehende Therapieschule ist in Deutschland unter der Bezeichnung „Gesprächspsychotherapie" bekannt.

Ist die RET zu intellektuell?

Und so mußte sich die RET eine Zeitlang ähnlich wie in den 50er Jahren in den Vereinigten Staaten mit dem Vorurteil auseinandersetzen, sie sei eine zu sehr intellektuelle Therapieform, die die Bedeutung der Vernunft für das psychische Wohlbefinden gegenüber „den Gefühlen" überbetone. Das ist natürlich falsch, wie schon der Name der Rational-*Emotiven* Therapie belegt. Im Unterschied zu allen nichtkognitiven Therapien haben aber RET und Kognitive Verhaltenstherapie als einzige ein klares Konzept über

1. das Zustandekommen von Gefühlen und
2. die Überwindung selbstschädigender Gefühle

aufzuweisen. Insofern sind sie in Wirklichkeit Emotionspsychologien, da die menschlichen Gefühle im Zentrum ihrer Theorie und Praxis stehen.

In diesem Buch werde ich Ihnen genau zeigen, wie Sie emotionale Schwierigkeiten in Zukunft besser bewältigen können. Freilich – ein Buch allein kann kein Ersatz für eine Psychotherapie sein, wenn bereits massive Probleme vorhanden sind. Aber es kann auch dann sehr wohl eine wertvolle Begleithilfe für eine Psychotherapie darstellen. Und: es zeigt Ihnen jedenfalls, was Sie bei der Wahl eines Psychotherapeuten besser beachten, damit nicht nur der Therapeut an Ihnen verdient, sondern Sie eine wirkliche Hilfe erhalten. Am Ende des Buches finden Sie übrigens eine Liste von rational-emotiven bzw. kognitiven Psychotherapeuten, die gerne auf der Basis dieses Buches mit Ihnen weiterarbeiten.

Ihr Ziel in der Selbsthilfe

Was könnte das Ziel Ihrer Selbsthilfearbeit sein?
Normalerweise überlasse ich es in der Therapie meinen Klienten, ihr Therapieziel selbst festzulegen, d. h. ich gebe kein Ziel vor. Dennoch möchte ich im Rahmen dieses Selbsthilfebuches eine Zielvorstellung vorschlagen. Insbesondere deshalb, um Sie vor einem Ziel zu warnen und Sie umgekehrt aufzufordern, Ihr Ziel nicht zu bescheiden anzusetzen.

Die meisten Selbsthilferatgeber versprechen ein glückliches Leben. Ich möchte dieses Ziel einschränken und es formulieren: Versuchen Sie, ein *relativ* glückliches Leben zu führen. Es zeugt nicht von falscher Bescheidenheit, wenn man nur ein relativ zufriedenes Leben anstrebt anstelle der Forderung nach maximalem Glück. Diese Selbstbescheidung entspringt der Vernunft und führt – wie wir noch sehen werden – paradoxerweise häufig zu mehr Zufriedenheit als eine Einstellung, die geprägt ist von der maximalen Forderung nach Glück.

Andererseits möchte ich Ihnen, bevor ich – beginnend im nächsten Kapitel – konkret zeigen werde, wie Sie das Ziel einer relativ zufriedenen Lebensführung erreichen können, einen Rat geben, der falscher Bescheidenheit ein Ende setzen kann:

> Hören Sie auf, sich in Ihrem Leben
> an die zweite Stelle zu setzen.
> Fangen Sie an, sich so zu lieben,
> wie Ihren Nächsten.

Es ist gar nicht selten, daß mich Frauen in meiner Praxis aufsuchen, die – obwohl noch jung – bereits Symptome des sog. Burn-out, also der psychischen wie physischen Erschöpfung, zeigen. Hauptursache dieses Zustandes ist ihre Gewohnheit, sich als Ehefrauen und Mütter buchstäblich rund um die Uhr nur ihrer Familie zu widmen. Ihre eigenen Bedürfnisse und Ansprüche auf Erholung setzen sie an die zweite Stelle. Oder ich erlebe Menschen, die in einer unbefriedigenden Beziehung leben, aber nicht ihren Partner mit diesem Problem konfrontieren, aus Angst, diesen zu verletzen. Dieses „Sich-an-die-zweite-Stelle-setzen", z. B. in der Form der Selbstaufopferung oder des falschen Mitleids, hindert Menschen über längere Zeit oder zumindest zeitweise daran, relativ zufrieden zu leben.

Aber ist es nicht unmoralisch und egoistisch, sich an die erste Stelle zu setzen?

Heißt es nicht: „Liebe deinen Nächsten wie dich selbst"?
Eben! Wie können wir unseren Nächsten lieben, d. h. uns
sozial verhalten, wenn wir *uns* nicht lieben?
Viel zu häufig wird uns in der Erziehung ausdrücklich oder
stillschweigend die im Grunde menschenverachtende Idee
eingeimpft, daß wir zurückstehen, „bescheiden" bleiben sollen: „Eigenlob stinkt!" Wir werden aufgefordert, unsere
Nächsten mehr zu lieben als uns selbst.
Dagegen steht die Auffassung von RET und Kognitiver Verhaltenstherapie, „egoistisch" im Sinne von wohlverstande-
nem *Selbstinteresse* zu sein. Die Basis dieses Selbstinteresses
ist der Wunsch – einmal auf die Welt gekommen – möglichst
lange am Leben zu bleiben. Aus biologischen wie sozialen
Gründen entscheiden wir uns für das Leben anstelle des To-
des, also dafür, von großen Schmerzen und Frustrationen
möglichst frei zu bleiben. Letzteres heißt auch: ein zufriedenes und lebenswertes Leben zu führen. Weil Menschen, wie
Adolf Portmann[7] feststellte, extrem soziale Wesen sind, gehört es zu den Hauptquellen ihrer Zufriedenheit, mit anderen Menschen zusammenzuleben. Diogenes in seiner Tonne
ist nicht die Regel, sondern die Ausnahme. Daher ist es nicht
sinnvoll, sich auf Kosten anderer schrankenlos auszuleben.
Das Leben mit anderen und unter anderen Menschen erfordert die Beachtung sozialer Regeln, die freilich nicht ein für
allemal festgelegt sind, sondern dem Wandel unterliegen.
Fazit: Neben Selbstinteresse ist soziales Interesse, soziale
Moral nötig, wenn wir auf Dauer zufrieden leben wollen;
aber Selbstinteresse kommt nicht erst nach dem sozialen Interesse.

Falsche Bescheidenheit überwinden

Hier sind klare Gründe, warum wir uns besser nicht zurück-
setzen[8]:

7 Portmann, A., 1951. Biologische Fragmente zu einer Lehre vom Menschen. Basel.
8 Vgl. die Schriften von Albert Ellis.

1. Keine Gemeinschaft von Heiligen

Wir leben nicht in einer Gemeinschaft von Heiligen und Engeln, die unsere selbstaufopfernden Handlungen selbstverständlich und automatisch mit noch größerer oder zumindest gleicher Selbstaufopferung, mit Liebe und Zuneigung beantworten. Viele Menschen benehmen sich recht ausbeuterisch und nutzen die Schwächen ihrer Mitmenschen aus. Noch mehr Menschen sind wahrscheinlich nicht so; aber aufgrund ihrer persönlichen Schwächen oder emotionalen Störungen kann man sich nicht darauf verlassen, daß sie immer sehr moralisch handeln. Deshalb ist es eine Hypothese mit wenig Chancen eines Beweises, daß Selbstaufopferung bei uns zu Opferbereitschaft bei anderen führt.

2. Partnerschaft statt Selbstaufopferung

Selbstaufopferung macht es anderen leicht, sich ausbeuterisch zu benehmen. Sie ermuntert manche Menschen geradezu, sich unsozial zu verhalten. Daher werden partnerschaftliche, faire Beziehungen unter den Menschen eher behindert und Abhängigkeit, emotionale Störungen und Inhumanität eher gefördert.

3. Wir sind nicht absolut angewiesen auf die Wertschätzung anderer

Sich an die zweite Stelle zu setzen, hat häufig seinen Grund darin, daß wir glauben, auf die Wertschätzung und Zuneigung anderer Menschen *absolut angewiesen* zu sein, so daß wir bereit sind, buchstäblich alles zu tun, um uns diese Zuneigung zu erhalten. Mit der Folge, daß wir unsere „persönlichen Grundrechte" aufgeben: das Recht, unsere Ansichten, Meinungen, Wünsche und Gefühle zu äußern.

4. Seines eigenen Glückes Schmied zu sein ist eine aufregende Aufgabe

Seines eigenen Glückes Schmied zu sein, ist eine enorme, herausfordernde Aufgabe. Die Welt ist ein Platz voller

Schwierigkeiten und widriger Umstände. Zwar nicht *schrecklich* oder *furchtbar*, wie RET und KVT lehren, aber sie fügt uns manchmal große Schmerzen zu. Wenn wir uns dennoch der Aufgabe stellen, für uns ein relativ zufriedenes Leben zu planen, indem wir die unvermeidlichen negativen Begleiterscheinungen unserer Existenz akzeptieren, während wir die veränderbaren Schwierigkeiten verringern, so kann diese Existenz geradezu aufregend erfreulich werden.

5. Sie werden Modelle für andere

Mit hoher Wahrscheinlichkeit wird Sie das Bemühen um positive Gestaltung Ihres Lebens zu einer Person machen, die sehr attraktiv für andere ist. Denn Menschen, die mit Energie an die Gestaltung einer zufriedenen Lebensführung herangehen, erhöhen die Chancen für ihre Partner, ebenfalls Zufriedenheit in ihrem Leben zu erreichen, indem sie als nachahmenswerte Modellpersonen fungieren.

Sind Sie skeptisch?

Sehr gut! Den Kopf nicht verlieren, sondern gebrauchen, heißt auch: den Zweifel zum Prinzip des Denkens zu erheben. Dazu will Sie dieses Buch ermutigen. Jede Theorie – auch eine psychotherapeutische – kann nur dann den Anspruch einer wissenschaftlichen Theorie erheben, wenn ihre Aussagen bezweifelbar und gegebenenfalls widerlegbar bleiben. Dieser Erkenntnis – grundlegend formuliert in der zeitgenössischen Philosophie des Kritischen Rationalismus von *Karl Popper* – ist auch die Kognitive Therapie verpflichtet.[9] Darüber hinaus wollen RET und Kognitive Verhaltenstherapie Ihnen gerade zeigen, wie Sie die wissenschaftliche Methode auch in Ihrem Alltagsdenken anwenden können, um zufriedener zu leben und nicht gleich den Kopf zu verlieren, wenn etwas in Ihrem Leben schief läuft.

9 Vgl. Spillane, Robert. 1980. RET's Contribution: An Argument For Argument. In: Rational Living
Vol. 15. No. 2., 3–7.

Teil I

Die Grundlagen

1. Das ABC des zufriedenen Lebens oder wie belastende Gefühle entstehen

Die wissenschaftliche Methode zur Lösung emotionaler Probleme auf unser Alltagsdenken anzuwenden klingt kompliziert.

Sie werden jedoch in diesem Abschnitt erkennen, daß die theoretischen Grundlagen der Rational-Emotiven Therapie (RET) bzw. Kognitiven Verhaltenstherapie (KVT) leicht verständlich sind. Das gilt insbesondere auch für die sogenannte ABC-Theorie über das Zustandekommen von Gefühlen.

Wie wir uns fühlen ist ja ausschlaggebend dafür, ob wir zufrieden leben oder nicht. Daher ist es wichtig, zu wissen, wie menschliche Gefühle entstehen: also wie es dazu kommt, daß wir uns depressiv, ängstlich, wütend oder gelassen und heiter fühlen.

In unserem Alltagsdenken gehen wir häufig davon aus, daß es

– äußere Umstände,
– gegenwärtige Ereignisse und Situationen
– oder frühe Kindheitsschicksale

sind, die unser seelisches Erleben bestimmen.

Viele Menschen glauben zum Beispiel, für ihre depressive Verstimmung seien grundsätzlich äußere Umstände verantwortlich, etwa die Tatsache, daß ihr Partner sie verlassen hat. Oder sie führen ihre Angst vor öffentlichem Sprechen buchstäblich auf die Anwesenheit des Publikums zurück.

Bis zu einem gewissen Grad ist das auch richtig; denn solch

äußere Umstände *aktivieren* uns. Zum Beispiel aktiviert uns Furcht vor einer äußeren Gefahr, wegzulaufen oder Verteidigungshaltung einzunehmen.
Aus diesem Grund nennen wir solche Umstände

AKTIVIERENDE EREIGNISSE oder
AKTIVIERENDE ERFAHRUNGEN

und ordnen sie dem

PUNKT A

zu.
Das Verlassenwerden stellt für den Zurückbleibenden, das Publikum für den Redner jeweils ein Aktivierendes Ereignis dar.
Wenn uns in unserem Leben Aktivierende Ereignisse begegnen oder wir Aktivierende Erfahrungen machen – am Punkt A – so reagieren wir für gewöhnlich unmittelbar: mit depressiver Verstimmung, Angst, Freude oder anderen Gefühlen, d. h. wir fühlen uns gut, neutral oder schlecht – das sind die

EMOTIONALEN KONSEQUENZEN.

Diese ordnen wir dem

PUNKT C

zu.

Übung 1

Identifizieren Sie Ihre Gefühle anläßlich eines bedeutsamen Aktivierenden Ereignisses:

Nehmen Sie an, Sie seien von Ihrem Chef gerade unberechtigterweise vor anderen Mitarbeitern kritisiert worden. Wenn Sie sich eine solche Situation (also ein Aktivierendes Ereignis) vorstellen, welche Gefühle (= emotionale Konsequenzen) kommen dabei auf?

Beispiele: wütend, sehr aufgebracht, besorgt, ängstlich, unangenehm berührt, niedergeschlagen, frustriert etc.

Vermerken Sie im folgenden alle Gefühle, die Sie empfinden:

Wir fühlen aber nicht nur, sondern wir verhalten uns auch entsprechend – das sind die VERHALTENSKONSEQUENZEN[1], die wir ebenfalls dem Punkt C zuordnen.

Übung 2

Identifizieren Sie Ihr Verhalten anläßlich eines Aktivierenden Ereignisses:

Schreiben Sie im folgenden auf, was Sie wohl als Folge Ihrer Gefühle in dieser Situation tun würden. Was würden Sie vielleicht *nicht* tun, also vermeiden?

---

1 Da Konsequenzen im Englischen mit C (Consequences) geschrieben wird, ordnet sie *Albert Ellis* dem Punkt C zu.

Entscheidend ist aber nun folgendes:

In unserem Alltagsdenken glauben wir häufig fälschlicherweise, daß das, was uns am Punkt A passiert, unsere Reaktionen am Punkt C *verursacht*. Also z. B., daß eine Spinne
Angst verursacht (so der Glaube eines Menschen mit einer
Spinnenphobie). Doch diese Sichtweise verkennt, daß Menschen nahezu ständig interpretierende und wertende, also
denkende Wesen sind.

Das System der

INTERPRETATIONEN und BEWERTUNGEN am PUNKT B

schiebt sich zwischen die Punkte A und C.[2]

B umfaßt danach das, *was die Menschen zu sich sagen,*
wenn sie einem A begegnen, also was die Menschen über das
denken, was ihnen passiert.

Was sagte sich der depressiv verstimmte, verlassene Partner
über das Verlassenwerden? Was sagte sich der Sprechängstli-
che über die Situation, vor einem großen Publikum zu sprechen? Wahrscheinlich etwa folgendes: „Wie entsetzlich, daß
ich verlassen worden bin! Das ist eine Katastrophe in meinem Leben. Es hat nun alles keinen Sinn mehr", etc.

Oder: „Wie furchtbar, wenn ich in meiner Rede stecken-
bleibe oder mich blamiere! Die Leute werden mich auslachen
und ich werde als Versager dastehen", etc.

Zur Verdeutlichung sehen Sie sich die folgende Zusammen-
stellung an:

---

2 Von Ellis dem Punkt B zugeordnet (für englisch: Belief System).

Irriges Alltagsdenken	ABC-Theorie der Gefühle
1. Dein schnelles Auto (= Aktivierendes Ereignis oder Aktivierende Erfahrung am Punkt A) hat mich sehr geängstigt (= emotionale Konsequenz).	Du bist schnell mit dem Auto gefahren (= Punkt A). Ich dachte, daß das sehr gefährlich sei (= Interpretation am Punkt B) und ängstigte mich daher (= C als Folge von B!)
2. Der Anruf meiner Mutter (Punkt A) hat mich wütend gemacht (Punkt C).	Meine Mutter hat angerufen (Punkt A). Was sie sagte, hielt ich für äußerst unfair (Punkt B). Darüber wurde ich wütend (C als Folge von B).
3. Ich bin total niedergeschlagen (Punkt C), weil ich durch die Prüfung fiel (Punkt A).	Ich fiel durch die Prüfung (Punkt A). Dieses Ereignis halte ich für furchtbar (Punkt B). Deshalb bin ich niedergeschlagen (C als Folge von B).

Wie Sie an dieser Gegenüberstellung leicht erkennen können, ist es hauptsächlich der Punkt B (= das, was wir uns über A sagen), der unsere emotionalen Konsequenzen am Punkt C bestimmt.

Viele meiner Klienten finden auch folgendes Beispiel einleuchtend:

Nehmen wir an, ein und dasselbe Ereignis widerfährt am Punkt A hundert Personen. Diese hundert Personen seien vom gleichen Geschlecht, etwa gleichen Alters, gleicher Schulbildung, gleicher sozialer Herkunft, hätten das gleiche Einkommen etc.

Dennoch reagieren sie aber am Punkt C recht unterschied-

lich. Nehmen wir an, sie alle hätten bei ihrer Bank 1000,–
DM abgehoben und gleich darauf ihre Brieftasche mit dem
Geld in einer Telefonzelle liegengelassen. Das Geld war
weg. Einige wenige würden sich vielleicht erleichtert und zufrieden fühlen („Okay – das wird mir helfen, in Zukunft besser auf mein Geld zu achten, anstatt es so zum Fenster hin-
auszuwerfen.")

Einige würden sich ziemlich indifferent fühlen („Na ja, ich
hab immer noch Geld genug, diese 1000,– DM sind zu ver-
schmerzen.")

Die meisten würden wohl enttäuscht und/oder traurig sein.
(„Schade um das schöne Geld. Dafür hätte ich mir was Schö-
nes kaufen können. Diesen Blödsinn werde ich sicher nicht
mehr machen!")

Und einige der Hundert schließlich würden sich sehr depressiv fühlen.

(„Wie schrecklich, daß ich das gemacht habe. Ich bin eben
ein Vollidiot und stelle in meinem Leben immer so unver-
zeihlich dumme Dinge an!")

Fazit:

Es war kaum das Ereignis *als solches (A)*, das zu Erleichte-
rung, Indifferenz, Enttäuschung oder Depression führte
(C), sondern die Art und Weise, wie die betreffenden Menschen dieses Ereignis interpretierten und bewerteten: was sie
am Punkt B zu sich sagten!

Glücklicherweise unterliegt B eher unserer Kontrolle als A
(das Aktivierende Ereignis); denn es gibt Dinge, über die wir
keine Kontrolle haben. Das erkannte schon *Epiktet*, als er
vor ca. 2000 Jahren sagte:

> „Eins steht in unserer Gewalt, ein anderes nicht.
> In unserer Gewalt steht unser Denken, unser Tun,
> unser Begehren, unser Meiden – alles, was von uns
> selber kommt.
> Nicht in unserer Gewalt steht unser Leib,
> unsere Habe, unser Ansehen, unsere äußere Stellung –
> alles, was nicht von uns selber kommt."

Aus heutiger Sicht:

Sie könnten unverschuldet einen Autounfall erleiden, plötzlich einen Schlaganfall bekommen oder von jemandem sehr unfair behandelt werden. Widrigkeiten können Ihnen im Leben widerfahren, egal wie Sie sich verhalten. Und manchmal sind sie unabänderlich und unvermeidbar.

Im Gegensatz dazu steht das, was Sie über diese Ereignisse denken, also Ihr Interpretations- und Bewertungssystem (= B), „in Ihrer Gewalt". Das heißt, Sie können auch angesichts äußerer Ereignisse Ihre emotionalen Reaktionen und Verhaltensweisen lenken. Zum Beispiel könnten Sie bei Auftreten eines Magengeschwüres medizinischen Rat einholen, Ihre Lebensweise so verändern, daß Sie sich wieder erholen und möglichst die Entwicklung eines neuerlichen Magengeschwürs verhindern, anstatt sich über Ihre Erkrankung ständig zu beunruhigen und aufzuregen.

Wenn Sie jemand ablehnt oder zurückweist, so können Sie – anstatt gleich den Kopf zu verlieren und über dieses Ereignis zu verzweifeln – versuchen, diese Person doch noch für sich einzunehmen oder sich nach einem anderen Menschen umschauen.

Übung 3

Wenden Sie das ABC-Modell bei sich an:

Gedächtnisstütze:

    A = das Aktivierende Ereignis
    B = Ihre Gedanken, Bewertungen,
            Interpretationen, Erwartungen in
            Zusammenhang mit der Situation
    C = Ihre Gefühle und Verhaltens-
            weisen als Konsequenz von B

  A   Aktivierendes Ereignis

       Wählen Sie z. B. eine schwierige Problemsituation aus Ihrem Arbeits- oder Privatleben, möglichst aus letzter Zeit.

Skizzieren Sie die Situation kurz:

_____

_____

_____

B   Ihre Gedanken/Ihr inneres Selbstgespräch

Rufen Sie sich ins Gedächtnis, was Sie über die Situation bzw. in der Situation dachten. Was ging Ihnen durch den Kopf? Welche Erwartungen, welche Bewertungen hatten Sie?

_____

_____

_____

C   Konsequenzen

Wie fühlten Sie sich als Ergebnis Ihres inneren Selbstgespräches? Zählen Sie alle Gefühle auf, an die Sie sich erinnern können.

_____

_____

_____

Was haben Sie getan (oder vermieden) als Folge Ihrer Gedanken?

_____

_____

_____

Können Sie sich an irgendwelche körperlichen Streßanzeichen erinnern, die Sie in der Situation verspürten? Schreiben Sie sie auf:

_____

_____

_____

_____

_____

Die Botschaft der ABC-Theorie lautet:
Selbst wenn ein Aktivierendes Ereignis (A) außerhalb Ihrer Kontrolle liegt, so können Sie dennoch fast immer Ihr Denken (am Punkt B) und somit Ihre Gefühle (C) unmittelbar beeinflussen. Den entscheidenden Punkt B wollen wir nun noch etwas genauer „unter die Lupe nehmen".
Wir unterscheiden zwei Arten von B's:
1. Rationale B's, die zu angemessenen Konsequenzen (C) führen.
2. Irrationale B's, die zu unangemessenen Konsequenzen (C) führen.
Für „irrational" könnten wir auch sagen: unsinnig, selbstschädigend, zielverhindernd; denn es handelt sich um Überzeugungen, die Ihre grundlegenden Lebensziele torpedieren, während rationale, vernünftige Überzeugungen Ihnen helfen, Ihre Ziele zu erreichen.
Insbesondere das Wort „zielverhindernd" weist auf die Bedeutung hin, die Ziele im menschlichen Leben haben. Der große Tiefenpsychologe *Alfred Adler* erkannte bereits, wie wichtig für das Verständnis der Psyche des Menschen seine grundlegende Zielorientiertheit ist. Während die *Freud*'sche Psychoanalyse das Verhalten eines Menschen eher aus seinem WOHER erklärt und dabei auf einige anscheinend

29

recht einseitige Thesen stieß wie den Ödipuskomplex und die Annahme, daß verdrängte Sexualität die alleinige Ursache für Neurosen sei, zeigte *Adler*, daß menschliches Verhalten begriffen werden kann, wenn man das jeweilige Lebensziel analysiert. Hätte sich *Alfred Adler* nicht so sehr darin verbissen, das Minderwertigkeitsgefühl eines Menschen als *einzige* Ursache für Neurosen anzusehen, so könnte man die Rational-Emotive Therapie (RET) fast als Weiterentwicklung der *Adler*'schen Individualpsychologie sehen.

Während aber *Alfred Adler* meinte, das grundlegende Ziel eines jeden Menschen bestehe darin, sein (angebliches) Minderwertigkeitsgefühl zu überwinden, so gehen wir in der RET davon aus, daß Menschen verschiedene Ziele in ihrem Leben verfolgen können.

Rationale oder zielfördernde Einstellungen am Punkt B sind Überzeugungen, Interpretationen und Bewertungen, die uns angesichts eines Aktivierenden Ereignisses helfen, unsere grundlegenden Ziele zu erreichen. Rational denken heißt also einfach, die Dinge im Leben so zu sehen, daß wir mehr von dem bekommen, was wir uns wünschen und weniger von dem, was wir nicht mögen.

Angemessene und unangemessene Gefühle

Wieso kann uns rationales Denken dabei helfen?

Weil rationales Denken zu angemessenen Gefühlen führt, während irrationales Denken unangemessene Emotionen nach sich zieht:

Wenn Sie am Punkt A wegen eines Magengeschwüres operiert würden (= Aktivierendes Ereignis), so könnten Sie in bezug auf Ihr Ziel, nämlich möglichst gesund zu sein und zu bleiben bzw. wieder zu werden, am Punkt B folgende rationale Wertung vornehmen:

„Wie bedauerlich und unangenehm, daß es so kam" etc.

In der Folge dieser Bewertung des Ereignisses würden Sie am Punkt C Gefühle starken Mißbehagens und Bedauerns, evtl. Trauer und Schmerz empfinden.

Beachten Sie:
Diese Gefühle betrachten wir als *angemessene* Konsequenzen.

„Wieso angemessen?" könnten Sie fragen, „Trauer ist doch ein negatives Gefühl!"

Zur Beantwortung dieser Frage wollen wir uns überlegen, warum Menschen überhaupt Gefühle haben. Soweit wir wissen und ziemlich offensichtlich ist z. B. die Fähigkeit, Angst zu empfinden, keine „moderne" Erscheinung innerhalb der Millionen von Jahren dauernden Entwicklung des Menschen. Gefühle der Furcht und Angst dürften in der Evolution des Menschen schon recht früh aufgetreten sein. Furcht und Angst treten auf, wenn eine Umwelterscheinung als Gefahr erkannt wird. Beim Anblick eines vorzeitlichen Säbelzahntigers dürften unsere Vorfahren Angst empfunden haben; diese Angst *motivierte* sie, sich in Sicherheit zu bringen. In der Motivierung zu entsprechenden z. B. dem Überleben dienenden Verhaltensweisen liegt der evolutionäre Sinn von Gefühlen. Verständlich ist aus dieser Sicht auch, warum Gefühle am Punkt C in der Regel unmittelbar auftreten. Individuen, die zu langsam „schalteten", verringerten damit ihre Überlebenschancen im Prozeß der Evolution.

Mit dieser Auffassung vom Sinn der Gefühle steht auch die moderne Emotionspsychologie im Einklang:

Folgen wir z. B. dem bekannten Emotionspsychologen *Caroll E. Izard*, so können wir sagen, daß Gefühle als das Hauptmotivationssystem des Menschen angesehen werden, d. h. Emotionen bestimmen Verhaltensweisen. Und dies gilt für negative wie positive Gefühle. Negative Gefühle wie Mißbehagen und Enttäuschung nach einer Magenoperation zeigen uns deutlich, daß wir nicht das bekommen, was wir uns wünschen, daß also etwas unseren grundlegenden Lebenszielen zuwiderläuft. Durch dieses Signal erhalten wir die Chance, etwas in unserem Leben zu verändern, um wieder in Einklang mit unseren Zielen zu kommen.

Ein unerfreuliches Aktivierendes Ereignis (A) kann also den Weg zu einem zufriedenen Leben zeigen:

(Z)	Ziel: allgemein formuliert, relativ zufrieden zu leben; im Speziellen z. B., die Zuneigung eines Menschen zu gewinnen, den man mag.
(A)	Aktivierendes Ereignis: Eine bestimmte Person lehnt mich ab.
(rB)	Rationale Bewertung[3]: „Ich mag es nicht, abgelehnt zu werden. Wie unangenehm! Ich wünschte, diese Person würde mich mögen."
(aC)	Angemessene Konsequenz[4]: Gefühle der Enttäuschung, des Bedauerns und/oder der Trauer. Nach evtl. anfänglichem Sich-Zurückziehen Versuch, die Zuneigung dieser Person doch noch zu gewinnen oder Suche nach anderen Partnern, mit denen sich das angestrebte Ziel eher erreichen läßt.

Negative Gefühle wie Enttäuschung, Trauer, Frustration, Bedauern und Schmerz sind hier also starke Motivatoren im Dienste Ihrer Lebensziele.

Deshalb nennen wir sie angemessene Gefühle, die einem rationalen Denken folgen.

Betrachten wir statt dessen den folgenden Ablauf:

---

3 Bei Ellis steht rB für rational Belief.
4 Bei Ellis steht aC für appropriate Consequence.

(Z)	Ziel: allgemein formuliert, relativ zufrieden zu leben; speziell z. B.: die Zuneigung und Anerkennung eines Menschen zu gewinnen, den wir mögen.
(A)	Aktivierendes Ereignis: Eine bestimmte Person lehnt mich ab.
(iB)	Irrationale Bewertung[5]: „Es ist *schrecklich*, von jemandem abgelehnt zu werden, den ich wirklich gern habe. Ich finde diese Erfahrung *unerträglich!* Das *sollte* mir nicht passieren. Ich muß irgendwie *minderwertig* sein, sonst wäre ich nicht abgelehnt worden.“
(iC)	Unangemessene Konsequenz[6]: Gefühle der Angst und Depression, vollständiger Rückzug von der ablehnenden Person oder verzweifelte Versuche, die Wertschätzung wieder zu erlangen. In der Folge eine Tendenz, Beziehungen aus Angst vor Ablehnung zu vermeiden und/oder Entwicklung starken Mißtrauens gegen Menschen (Misanthropie).

Unangemessene Gefühle sind also die Folge, wenn wir neben rationalen Annahmen (z. B.: „Ich mag es nicht, abgelehnt zu werden.") *zusätzlich* irrationale Annahmen „mitdenken". Unangemessene Gefühle fördern unsere Grundziele nicht, sondern erweisen sich als hinderlich. Irrationale Annahmen sind daher

SELBSTSCHÄDIGENDE ÜBERZEUGUNGEN.

---

5 iB für irrational Belief.
6 iC für inappropriate Consequence.

Sie entbehren eines tatsächlichen Beweises; sie verallgemeinern in unzulässiger Weise; sie bestehen aus fordernden, absolutistischen Überlegungen, sind dogmatisch und einseitig – sie sind nicht „wahr". Wie können Sie herausfinden, ob in *Ihrem* Denken absolutistische Momente enthalten sind?

In der Arbeit mit Tausenden von Patienten seit vielen Jahren entdecken rational-emotive Therapeuten immer wieder, daß fast alle Formen emotionaler Störung durch das Denken in Begriffen wie

- MÜSSEN
- SOLLEN
- NICHT DÜRFEN

etc. verursacht waren.

Nehmen Sie an, Sie sagten zu sich:

„Ich *muß* eine feste Partnerschaft haben, um zufrieden leben zu können."

Damit ist in der Regel gesagt, daß es nicht nur wünschenswert wäre, eine feste Beziehung zu haben, sondern es schwingt mehr oder weniger deutlich mit:

„Ich *muß* eine feste Partnerschaft haben! Ohne sie kann ich auf keinen Fall zufrieden sein. Wenn ich keine Partnerbeziehung habe, dann liegt es wahrscheinlich daran, daß ich eine *Null* bin – unfähig für Beziehungen! Das ist *schrecklich!* Wenn sich das hinter Ihrem „Ich *muß* einen Partner haben!" verbirgt, dann kommen Sie in große Probleme.

Daraus ergibt sich:

Wann immer Sie emotionale Probleme haben – sich sehr ängstigen und sorgen, niedergedrückt oder wütend und feindselig sind, unter Schuldgefühlen und Selbsthaß leiden – suchen Sie nach den dahinterliegenden MUSS-ANNAHMEN (= Ihren selbstschädigenden Überzeugungen).

Übung 4

Suchen Sie nach Muß-Annahmen!

Überlegen Sie, welche Müssen-, Sollen-, Nicht-dürfen-Annahmen bei Ihnen vorkommen. Unter Spalte 1 beschreiben Sie kurz die Situation, die mit Ihren Muß-Annahmen zusammenhängt. Unter Spalte 2 vermerken Sie Ihre Muß-Annahmen.
Suchen Sie nach Beispielen aus Ihrem Arbeitsleben und aus Ihrem Privatbereich.

1. Situationen im
Arbeitsleben

2. Müssen/Sollen/
Nicht-dürfen

———————————

———————————

———————————

———————————

———————————

———————————

———————————

———————————

———————————

Situationen im
Privatleben

———————————

———————————

———————————

———————————

———————————

———————————

———————————

———————————

2. Wie Sie selbstschädigendes Denken herausfinden und verändern

Selbstschädigende Denkgewohnheiten

In der therapeutischen Arbeit mit Klienten hat sich gezeigt, daß es grundlegende selbstschädigende oder irrationale Denkgewohnheiten gibt, die fast immer anzutreffen sind, wenn Menschen psychische bzw. emotionale Probleme haben. Sie basieren alle auf absolutistischen MUSS-ANNAHMEN oder – wie *Albert Ellis* es nennt – auf „muß-turbatorischem" Denken.

Die erste selbstschädigende Denkgewohnheit:

„Ich *muß* bei den Dingen, die ich tue, erfolgreich sein (bzw. perfekt) und *muß* die Anerkennung und Wertschätzung der Menschen haben, die ich als für mich wichtig ansehe."
Dieses muß-turbatorische Denken, das bei nahezu allen unseren Tätigkeiten und in fast allen Situationen auftreten kann, hat drei verwandte Ausprägungen:

1. „Wie *furchtbar*, wenn ich keinen Erfolg habe bzw. nicht anerkannt werde!"

2. „Es ist *nicht auszuhalten*, wenn es mir nicht gelingt, rfolg zu haben und Anerkennung zu bekommen!"

3. „*Ich bin nichts wert*, wenn ich nicht erfolgreich handele und mir die Wertschätzung der anderen sichere!"

Aufgrund dieses muß-turbatorischen Denkens stellen sich immer dann, wenn im Leben etwas entgegen unseren *Forderungen* läuft, starke Gefühle der Angst und Panik und/oder zwanghaftes Besorgtsein ein.
Depressive Stimmungen, Selbsthaß, Schuldgefühle folgen, wenn wir nicht den Erfolg haben, den wir glauben haben zu *müssen*.

Die zweite selbstschädigende Denkgewohnheit:

„Die Menschen, mit denen ich Kontakt habe, *müssen* mich freundlich und fair behandeln; wenn sie das aber nicht tun, so *muß* man sie dafür zur Verantwortung ziehen bzw. sie bestrafen oder ernsthaft verurteilen und verdammen."
Daraus ergeben sich drei weitere Ableitungen:

1. „Es ist *schrecklich*, wenn du mich weniger freundlich oder fair behandelst als du es *solltest!*"

2. „Es ist *nicht zu ertragen*, wenn du mich so schlecht oder unfair behandelst, wie du es doch auf keinen Fall *dürftest.*"

3. „Du bist ein ausgesprochen *schlechter Mensch,* wenn du mich weniger freundlich oder fair behandelst als du *solltest!*"

Aus dieser Denkgewohnheit resultieren fast immer Wut- und Ärgergefühle, Überreaktionen und ständiges Aufbegehren, was wiederum gewalttätige Handlungen verschiedenster Art auslösen kann.

Die dritte selbstschädigende Denkgewohnheit:

„Die Umstände, unter denen ich lebe, *müssen* so sein, daß ich alles, was ich mir wünsche, schnell, leicht und angenehm erreiche; Schwierigkeiten und Hindernisse *dürfen nicht* auftreten."

Abgeleitet werden können folgende drei Annahmen:

1. „Es ist eine *Katastrophe*, wenn die äußeren Umstände so beschaffen sind, daß ich etwas sehr entbehren muß oder weniger bekomme als ich mir wünsche, oder daß ich *zu lange* und *zu hart* daran arbeiten muß, damit meine Wünsche sich erfüllen!"

2. „Ich kann ein Leben *nicht ertragen*, das mir mehr abverlangt als ich geben will; denn das ist nicht nur hart, sondern *zu hart;* so hart *sollte* es nicht sein!"

3. „Mein Leben ist elend und kläglich, wenn die Dinge falsch laufen und ich nicht genau das erreiche, was ich will, wann immer ich es will! Es ist geradezu so *unerträglich*, daß es nicht lebenswert ist. Ich könnte mich genausogut umbringen, um diesen *schrecklichen* Umständen zu entgehen!"

Dieses irrationale Denkmuster führt fast unvermeidlich zu Selbstmitleid, Depression, Apathie und geringer Frustrationstoleranz. Auf der Verhaltensseite entsprechen diesen Gefühlen Rückzugstenzenden, Vermeidungsverhalten, Passivität und Entschlußlosigkeit.

Übung 5

Finden Sie Ihre selbstschädigenden Denkgewohnheiten:

Auf der Basis der drei selbstschädigenden Denkmuster beginnen Sie jetzt damit, Ihre speziellen selbstschädigenden Denkgewohnheiten herauszufinden. Schreiben Sie in Spalte 1 diejenigen selbstschädigenden, irrationalen Überzeugungen auf, die in Ihrem Denken anläßlich schwieriger Situationen im Privat- und/oder Arbeitsleben vorkommen.
In Spalte 2 beschreiben Sie kurz die Situation, die Ihr inneres Selbstgespräch auslöste. Viele selbstschädigende Denkgewohnheiten treten immer wieder auch in verschiedenen Situationen auf.
Überprüfen und ergänzen Sie in Zukunft diese Liste. Auf diese Weise werden Sie sehen, daß bestimmte Situationen häufig auch bestimmte selbstschädigende Denkgewohnheiten nach sich ziehen – und speziell, welche irrationalen Denkgewohnheiten in Ihrem Denken vorherrschen.

1. Irrationale Gedanken   *2. Auslösende Situationen*

---

1. Irrationale Gedanken	2. Auslösende Situationen

Natürlich treten selbstschädigende Denkgewohnheiten nicht immer in der oben präsentierten Klarheit und Kürze auf. Insbesondere sind sie uns auch nicht immer voll bewußt; zwar nicht in dem Sinne, wie *Sigmund Freud* vom Unbewußten spricht, aber so, wie vieles, wenn es einmal zur Gewohnheit geworden ist, nicht ständig voll bewußt ist. Wenn Sie z. B. mit dem Auto fahren, so sind alle Ihre Handlungen wie Gas geben, Bremsen, Schalten, Scheinwerfer abblenden etc. automatische Aktionen, die von automatischen Denkprozessen gesteuert werden. Solche automatischen bzw. halbbewußten Denkvorgänge sind auch in Rechnung zu stellen, wenn wir unseren selbstschädigenden, irrationalen Denkmustern „auf die Schliche" kommen wollen:

Wenn Ihnen also am Punkt A (Aktivierendes Ereignis) etwas Unerfreuliches oder Unangenehmes widerfährt und Sie darüber irrationale Gedanken (iB's = irrational Beliefs) haben mit der Folge emotionaler Probleme und selbstschädigender Handlungen am Punkt C, so sind Ihre Gedanken Ihnen vielleicht nicht voll bewußt.

Um Ihre selbstschädigenden Gedanken dennoch zu finden und zu überwinden, begeben Sie sich in den Prozeß der

DISPUTATION (am PUNKT D).

Disputieren heißt soviel wie: etwas in Frage stellen, anzweifeln.

Das Vorgehen dabei werde ich Ihnen jetzt zeigen:

Das Anzweifeln selbstschädigender Ideen

Grundsätzlich beginnen Sie, indem Sie *annehmen*, daß Ihre intensiven negativen Gefühle durch irrationale Gedanken verursacht sind und diesen vor allem Muß-Annahmen in der Form von „Müßte", „Sollte", „Dürfte nicht" etc. zugrunde liegen.

Fühlen Sie sich z. B. depressiv, nachdem Sie jemand zurück-gewiesen hat, so fragen Sie sich:
„Welches ‚Muß‘, ‚Soll‘, ‚Darf nicht‘ habe ich gedacht, um mich depressiv zu machen?"
In der Regel werden Sie dann sehr schnell den selbstschädi-genden Gedanken entdecken:
„Dieser Mensch *muß* mich mögen – wenn nicht, ist es *furchtbar*, ich kann es *nicht ertragen*, ich bin eine *wertlose Person!*"
Wenn Sie sich also ängstlich oder deprimiert fühlen, wütend sind oder unter Schuldgefühlen leiden, finden Sie zuerst die selbstschädigenden Gedanken heraus, die zu diesen emotio-nalen Störungen führen.
Wie können Sie nun Ihre Gefühle verändern?
Indem Sie zur Disputation übergehen und Ihre selbstschädi-genden Denkgewohnheiten energisch

in Frage stellen – anzweifeln – überprüfen.

Das ist nichts anderes als die allgemeine wissenschaftliche Methode des Überprüfens von Hypothesen. Wenn z. B. bei einem bestimmten Krankheitssymptom eine Hypothese oder Theorie entwickelt wird, wonach die Krankheit durch ein bestimmtes Verfahren geheilt werden könne, so gilt es, diese Theorie oder Hypothese auf ihre Richtigkeit zu überprüfen. Als im Mittelalter die Pestseuche fast ein Drittel der Mensch-heit dahinraffte, gab es die Hypothese, daß Wärme vor der Pest schütze. In Avignon, wo die Pest besonders wütete, ord-nete der päpstliche Leibarzt, Guy de Chauliac, an, daß Papst Klemens VI., selbst ein Mann der Wissenschaft, auch in der Hitze des sommerlichen Avignon zwischen zwei großen Feuern zu sitzen habe. Der Führer der Christenheit wurde so tatsächlich vor Ansteckung bewahrt und erkrankte nicht. Al-lerdings – wie wir heute wissen – sicher nicht wegen der Wärme an sich, sondern weil er kaum noch Kontakt mit an-deren Menschen hatte und vor allem die Flöhe seine Nähe mieden, die die Pesterreger übertrugen.

Um die Richtigkeit einer Idee oder Theorie zu überprüfen, fragt die Wissenschaft:

– Wo ist der *Beweis* dafür, daß diese Idee oder Theorie richtig ist?

– Welche *Daten* liegen der Theorie zugrunde?

– Erklärt die Theorie die beobachteten Fakten am besten?

Genau das meinen wir mit Anzweifeln und In-Frage-Stellen. Wir wollen uns das an einem Beispiel verdeutlichen:

1. Ausgangspunkt (A-B-C-Analyse):

Sie begegnen am Punkt A einem Aktivierenden Ereignis, das Ihren Grundzielen zuwiderläuft:
Sie wollten z. B. bei einer wichtigen Aufgabe Erfolg haben, was Ihnen aber mißlang, und Sie erfuhren von einer Ihnen bedeutsamen Person eine Abfuhr.
Als rationale Annahme (rB = rational Belief) am Punkt B sagten Sie sich:
„Ich wünschte mir, bei dieser Aufgabe Erfolg zu haben und Anerkennung durch die mir wichtige Person zu gewinnen; nun habe ich das nicht erreicht. Wie schade! Ich bin also ein Mensch, dem es nicht gelang, zu schaffen, was er gerne geschafft hätte; das ist nachteilig!"
Am Punkt C fühlen Sie sich frustriert und enttäuscht.
Am Punkt B hatten Sie aber *auch* noch folgende irrationale Überzeugungen:
„Ich *muß* bei dieser Aufgabe Erfolg haben und die Anerkennung dieser für mich wichtigen Person gewinnen; daß ich das nicht erreicht habe, was ich unbedingt erreichen *muß*, ist *schrecklich*! Das *ertrage ich nicht! Ich bin *eine Null*, weil ich mich so unfähig erwiesen habe!"
Also fühlen Sie sich am Punkt C auch panisch und deprimiert.

42

2. Das Anzweifeln (Disputieren):

Nun kommen Sie zu D, der Disputation, und fragen sich:
„Wo ist der Beweis, daß ich bei dieser Aufgabe Erfolg haben
und die Anerkennung dieser für mich bedeutsamen Person
gewinnen *muß?"*
Die philosophisch-psychotherapeutische Antwort lautet:
„Es gibt keinen Beweis für diese Muß-Annahmen! Würde es
nämlich tatsächlich ein Gesetz im Universum geben, das be-
sagte, daß ich Erfolg haben und Anerkennung gewinnen
muß, dann wäre es auch zweifelsohne erfolgreich gelaufen
und ich hätte es geschafft. Nachdem es aber nicht geklappt
hat, zeigt dies gerade, daß ein solches Gesetz im Universum
nicht existiert, also die Muß-Annahme unsinnig ist. Ich
nehme also besser nicht einen solchen Standpunkt ein!"
„Natürlich wäre es schöner gewesen, wenn ich prima gearbeitet und Anerkennung gewonnen hätte, weil ich dann
mehr von dem erhalten hätte, was meinen Zielen entspricht.
Aber aus der Tatsache, daß ich etwas bevorzuge, folgt nicht,
daß dies so kommen *muß*! Das Gesetz ‚Weil ich etwas *wünsche*, *muß* ich es erreichen‘, ist nur mein persönliches Gesetz.
Soweit wir wissen, richtet sich das Universum aber nicht
nach meinen persönlichen Regeln."

Disputationsfrage:
„Inwiefern ist es schrecklich, wenn ich bei einer wichtigen
Aufgabe erfolglos bleibe und keine Anerkennung durch die
mir wichtige Person erhalte?"

Antwort:
„Es ist ganz und gar nicht *schrecklich*! Es ist sicherlich
schlecht, schädlich und unangenehm für mich, wenn die
Dinge so negativ laufen – ich bekomme weniger von dem,
was ich mir wünsche. Aber wenn ich etwas als *schrecklich*
(oder *fürchterlich* oder *entsetzlich*) bezeichne, dann sage ich
in Wirklichkeit damit, daß die Dinge *mehr als schlecht* sind.
Das aber ist eine unsinnige Übertreibung.
Wenn Mißerfolg bedeutet, daß ich irgendwie nicht optimal,
sondern fehlerhaft gehandelt habe und wenn ich das als
schrecklich bezeichne, dann sage ich damit nicht nur,

1. daß mein Handeln falsch und daher schlecht war, sondern auch,
2. daß es *schrecklich* ist, *weil* es schlecht ist.

Die erste Feststellung ist wahr. Mein *Katastrophisieren* über diese Wahrheit allerdings bedeutet wieder nichts anderes als daß ich behaupte, Unglück *darf nicht* existieren; wenn doch, so sei es eine *Katastrophe*. Aber wenn es Unglück gibt, so gibt es Unglück! Und weil es mir gerade jetzt widerfährt, so *darf* es in Wirklichkeit existieren – in dem Sinne, als daß dies der Lauf der Welt zu diesem Zeitpunkt nun einmal ist. *Katastrophisieren* über Dinge, die sich ereigneten oder ereignen könnten, verneint die Wirklichkeit. Besser ich akzeptiere die Realität – ob ich sie mag oder nicht!"

Weiter:

„Wenn ich Mißerfolg oder fehlende Wertschätzung als *Katastrophe* ansehe, so meine ich damit in Wirklichkeit, daß mein Mißgeschick nicht nur schlecht ist, sondern in gewisser Weise *vollkommen* schlecht, 100 % schlecht. Das aber ist sehr unwahrscheinlich! Wäre mein Mißgeschick 100 % schlecht, würden sich *ausschließlich* schlechte Konsequenzen *für immer* daraus ergeben. Keinerlei positive Konsequenz könnte die Folge sein.

Tatsächlich aber besteht eine gute Chance, daß sich aus meinem Mißgeschick auch positive Dinge entwickeln: Ich könnte daraus lernen und es das nächste Mal besser machen.[1] Wenn mich manche Menschen angesichts meiner Fehler zurückweisen, so kann ich dies als Herausforderung verstehen, mir ihre Wertschätzung dennoch wieder zu erobern. Oder ich könnte neue Leute kennenlernen, die mich mögen. Oder ich könnte lernen, mich auch dann zu akzeptieren und zu schätzen, selbst wenn andere dies nicht tun. Also war mein Mißgeschick wahrscheinlich nur zu 80 % oder 90 % negativ, kaum jedoch *total* negativ."

---

1 Biologen sprechen im Zusammenhang mit der Evolution der Arten von „Fehlerfreudigkeit": Es steht fest, daß wir Menschen als Gattung Homo sapiens so nicht existieren würden, wenn wir keine Fehler machten.

Weitere Argumentation:
„Wenn eine Sache 100% unangenehm ist, so könnte sie nicht unangenehmer sein. Aber wie unangenehm ein Fehlschlag oder eine Ablehnung auch sein mögen, es könnte natürlich noch unangenehmer kommen. Erlitte ich etwa 100 Fehlschläge nacheinander – ich könnte auch 200 oder mehr Fehlschläge erleiden.
Wenn mich fünf Bekannte wegen einer Fehlhandlung ablehnten – es könnten mich 20 Freunde ablehnen. Egal was mir auch immer passiert – es könnte noch schlimmer ausgehen.[2]
Also: Es mag theoretisch möglich sein, daß ich ein Ereignis zutreffend als total (100%) schlecht ansehe, in der Wirklichkeit sind aber nur Annäherungen von Bedeutung.
Wäre ein Mißerfolg oder eine Zurückweisung 100% schlecht für mich, so hieße das:

a) daß ich buchstäblich aufgrund dieser Erfahrung sterben würde

oder

b) daß ich keine Zufriedenheit für den Rest meines Lebens erlangen könnte.

Es ist aber höchst unwahrscheinlich, daß mein beruflicher Mißerfolg oder eine Zurückweisung mich töten, und es ist noch unwahrscheinlicher, daß mich ein Fehlschlag oder eine Abweisung *jetzt* jeder Zufriedenheit *für alle Zeiten* beraubt."
„Wenn ich ganz ehrlich zu mir bin, bedeutet meine Idee, ein Fehlschlag oder eine Zurückweisung sei *furchtbar*, sogar mehr: nämlich daß die Zurückweisung bzw. der Fehlschlag *mehr* als schlecht seien, mindestens 101% schlecht. Aber wie kann etwas mehr als schlecht sein? Das ist offensichtlich unmöglich! Besser also realistisch zu denken und bei der Wahrheit zu bleiben: Es ist sicher unerfreulich, von einer mir wichtigen Person abgelehnt zu werden und daher *nicht wün-*

---

2 Sprichwort: „Ich sah einen Mann, der weinte, weil er keine Schuhe mehr hatte – bis er einen Mann sah, der keine Füße mehr hatte."

schenswert, aber nicht *mehr* als nicht wünschenswert
(= *furchtbar*)!"

Disputationsfrage:
„Wo ist der Beweis, daß es *unerträglich* ist, einen Fehlschlag
zu erleiden oder abgelehnt zu werden?"

Antwort:
„Das ist eine offensichtlich falsche Annahme. Würde es tatsächlich *unerträglich* sein, so müßte ich buchstäblich sterben. Aber ich bin noch immer am Leben und in der Lage,
rational oder irrational über dieses Ereignis nachzudenken.
Schlußfolgerung: Ich kann ganz eindeutig aushalten, was ich
nicht mag: Mißerfolge, Zurückweisungen etc. Ich werde so
etwas niemals mögen, aber ertragen können. Dabei steigen
meine Chancen, später doch noch Erfolg zu haben und
Wertschätzung zu gewinnen."

Disputationsfrage:
„Inwiefern bin ich *eine Null,* eine *minderwertige Person,*
wenn ich einen Fehler gemacht habe bzw. nicht anerkannt
werde?"

Antwort:
„*Ich* bin nicht das gleiche wie meine *Handlungen*! Deshalb
können mich auch falsche oder schlechte *Handlungen* nicht
zu einer schlechten *Person* machen.
Meine Handlungen, mein Verhalten, meine schlechten wie
guten Seiten sind nur Teilaspekte von mir; sie repräsentieren
nicht mein *ganzes* Wesen.
Während eines Lebens handeln wir buchstäblich millionen-
fach: Manche Handlungen sind gut, manche schlecht. Zum
Beispiel spiele ich heute gut Schach, morgen miserabel.
Heute bewundern meine Schüler meine Fähigkeit zu unter-
richten, morgen finden sie meinen Vortrag langweilig und
halten mich für einen schlechten Lehrer. Fast alles, was wir
tun, kann zu einem Zeitpunkt hoch bewertet werden (durch
mich oder andere) und zu einem anderen Zeitpunkt niedrig.
Was ich „ICH" oder „meine Person" nenne, besteht in Wirk-

lichkeit aus unzähligen Aktionen, die sich kaum gleichen und stetig ändern. Wie kann *ich* dann das gleiche sein wie meine *Handlungen*?

Das, was wir „ICH" nennen, ist ein fortwährender, ständiger Änderung unterliegender *Prozeß*. Die Ergebnisse, die dieses „ICH" hinterläßt, sozusagen der out-put des Prozesses, können wahrscheinlich in der einen oder anderen Weise bewertet bzw. gemessen werden – zumindest in bezug auf meine Ziele und Wertvorstellungen. Will ich einen Beruf ausüben, der eine akademische Ausbildung voraussetzt, so ist es gut, wenn ich studiere und gute Leistungen erbringe, und es ist schlecht, wenn ich schlechte Leistungen vorweise – in bezug auf *mein Ziel*!

Dagegen kann ich mein „ICH" nicht pauschal als schlecht oder gut einstufen: Ich bin kein unveränderlicher Zustand, sondern ändere mich ständig. Der Mensch ist ein Prozeß mit Vergangenheit, Gegenwart und Zukunft; er kann also nicht ein für allemal auf einen (guten oder schlechten) Zustand festgelegt werden.

Weiter:

Sich als *Null*, als *wertlose Person* einzustufen, würde logischerweise bedeuten, daß ich in meinem Wesenskern wertlos bin. Daß es aber überhaupt einen Wesens*kern* gibt, ist kaum beweisbar. Dann müßte ich ja *immer* und *ausschließlich* wertlos handeln. Ich dürfte aufgrund meines minderwertigen Wesenskerns niemals erfolgreich sein und wäre total verdammenswert. Deshalb müßte mich jeder vernünftige Mensch mißachten und bestrafen. Alles unbeweisbare Annahmen!

Schließlich:

Wenn ich mich als *Null* einstufe, weil ich schlecht gehandelt habe, wie sollte mir diese Sicht helfen, mein Handeln zu korrigieren und es in Zukunft besser zu machen?

Das Gegenteil ist wahrscheinlicher: Je mehr ich mich als *schlechte Person* sehe, desto eher wird sich diese Sicht im Sinne einer sich selbst erfüllenden Prophezeiung negativ auswirken. Die Alternative lautet: Ich bin weder eine *gute* noch eine *schlechte Person*, weder ein *wertvoller* noch ein *wertloser Mensch*, sondern ein menschliches Wesen, das manchmal fehlt und die Möglichkeit hat, sich in Zukunft besser zu verhalten. Diese Sichtweise hilft uns, erfolgreicher zu handeln und eher Anerkennung zu gewinnen."

Das sind die Grundlinien der Station D, des Disputierens irrationaler, selbstschädigender Denkgewohnheiten.

Übung 6

Lernen Sie zu disputieren

Üben Sie nun im Folgenden Ihre Fähigkeiten, selbstschädigende bzw. irrationale Denkgewohnheiten energisch anzuzweifeln. Beschreiben Sie in Spalte 1 kurz die Situation, die Ihr selbstschädigendes Denkmuster auf den Plan rief. In Spalte 2 vermerken Sie jede Art, Abart und Unterart selbstschädigender Ideen, die Ihnen durch den Kopf gingen.

In Spalte 3 fassen Sie Ihre neuen rationalen Gegenargumente zusammen, die Sie benutzt haben bzw. gerne benutzen würden, um die spezielle irrationale Idee anzuzweifeln. Aus Raumgründen kann diese Übungsvorlage nicht über mehrere Seiten gedruckt werden. Kopieren Sie sich nach Bedarf weitere Seiten.

1. Die Situation	*2. Meine irrationalen Ideen*	*3. Meine Gegen- argumente*

Eine neue Lebensphilosophie

Als Ergebnis (E) können Sie Ihre grundlegende Lebensphilosophie und Ihre emotionalen und verhaltensmäßigen Effekte (E) ändern. Sie könnten also am

PUNKT E

zu folgender Überzeugung gelangen:
„Bei dieser Aufgabe, in dieser Situation habe ich einen großen Fehler gemacht und mir dadurch die Mißachtung anderer Menschen eingehandelt.

Da ich ein Mensch bin und als solcher fehlerhaft, werde ich unvermeidlich auch in Zukunft noch Fehler machen und von anderen dafür getadelt werden.

Wie bedauerlich! Aber so ist es nun einmal! Ich bin eben kein unfehlbarer Engel! Ich mag das bedauern, aber es ist vielleicht der einzige Wesenskern eines jeden Menschen: die Möglichkeit, sich zu irren und Fehler zu machen; denn ohne die Möglichkeit, zu irren, könnte sich kein Lebewesen weiterentwickeln und es gäbe gar keine Menschen.[3] So ist das Leben im wahrsten Sinne des Wortes!

Ist es möglich, unter dieser Voraussetzung weiterzuleben und zufrieden zu leben?

Ja!

Indem ich die Wirklichkeit akzeptiere wie sie ist und versuche, in Zukunft ein paar Fehler weniger zu machen und etwas mehr Anerkennung zu gewinnen!"

Mit dieser neuen Lebensphilosophie können Sie am Punkt E (= emotionale und verhaltensmäßige Effekte Ihres Umdenkens) Ihre Gefühle der Depression und Angst in Gefühle der Enttäuschung und Besorgnis umwandeln und in der Folge Ihre Verhaltensweisen mehr in Einklang mit Ihren Zielen bringen.

Vorsicht vor positivem Denken

Die Methode des positiven Denkens ist ein altbekanntes Verfahren, das zur Zeit auf dem Psycho-Markt eine stürmische Wiedergeburt feiert. Wir finden die Wurzeln des positiven Denkens in der Lehre des Philosophen *Ralph W. Emerson* (1803–1882), auf den sich die amerikanische „Positive Thinking"-Bewegung mit ihren derzeit populärsten Vertretern *Joseph Murphy* und *Norman Vincent Peale* stützen. Murphy's Glaubens- und Lebensphilosophie hat in Deutschland der Heilpraktiker *Erhard Freitag* übernommen und erfolgreich vermarktet. Eine noch weiter zurückreichende Richtung gründet sich auf die Autosuggestionslehre von

---

3 Vgl. hierzu Riedl, Rupert. 1988. Biologie der Erkenntnis. Die stammesgeschichtlichen Grundlagen der Vernunft.

Emil Coué (1857–1926), der von *Albert Ellis* mehrfach als Vorläufer einer kognitiven Psychotherapie erwähnt wird.

Auch die RET wird manchmal fälschlicherweise als eine Form positiven Denkens angesehen oder zumindest nicht genügend abgegrenzt. Die entscheidende Differenz zwischen Rational-Emotiver Therapie und positivem Denken besteht darin, daß die RET zwischen rationalen und irrationalen Gedanken unterscheidet, wohingegen die Vertreter des positiven Denkens auf negative und positive Gedanken abstellen:

Negative Gedanken sollen in positive Gedanken geändert werden oder zumindest kontrolliert werden, so der amerikanische Sportpsychologe *Richard M. Suinn*.[4]

Oder bewußte positive Autosuggestionen („Es geht mir jeden Tag in jeder Hinsicht immer besser und besser", „Alles wird besser und besser, alles wird gut", „Nur guter Mut, alles wird gut" etc.) sollen die unbewußten negativen Autosuggestionen überwinden.[5] Es ist nicht zu bestreiten, daß solch positives Denken dazu führen kann, daß sich Menschen tatsächlich für einige Zeit besser fühlen bzw. mehr Leistung erbringen können. Spitzensportler zum Beispiel wenden ähnliche mentale Techniken an („Supertraining"). Es ist jedoch Vorsicht geboten bei der Anwendung von perfektionistischen Autosuggestionen, wie den oben zitierten, da sie auf lange Sicht nicht funktionieren können und zu Desillusionierung führen müssen. Dies liegt an ihrem perfektionistischen und unrealistischen Gehalt: Die Welt wird nicht geradlinig immer besser und besser!

Der Nachteil des positiven Denkens besteht also in dem zu erwartenden negativen Bumerang-Effekt und nicht zuletzt darin, daß es Menschen oft von wirklich effektiver Psychotherapie abhält.

---

4 Suinn, Richard M. 1986. Seven Steps to Peak Performance (The Mental Training Manual for Athletes). Zitiert nach: Stemme, F./Reinhardt, K.-W. 1988. Supertraining. Mit mentalen Techniken zur Spitzenleistung.

5 So die „Selbstmeisterungsmethode" nach Coué. Vgl. Rauch, E. 1987. Autosuggestion und Heilung. Die innere Selbst-Mithilfe.

3. Die Praxis der Selbstveränderung

In der RET und KVT setzen wir eine ganze Reihe von speziellen Veränderungstechniken ein. Diese lassen sich in drei Bereiche einteilen:

- gedankliche Methoden
- Gefühlsmethoden
- Verhaltensmethoden

Gedankenmethoden der Selbstveränderung

Zwei wesentliche Methoden sind die sogenannte Rationale Selbstanalyse (RSA) und das Disputieren selbstschädigender Ideen (DSI).

Die Rationale Selbstanalyse (RSA):

Rationale Selbstanalysen[1] werden in der RET häufig als sogenannte Hausaufgaben mit dem Klienten nach einer Therapiesitzung vereinbart. Sehr hilfreich hierbei sind Selbsthilfeformulare, die dem Klienten mitgegeben werden. Im Anhang (S. 144 ff.) finden Sie ein Selbsthilfeformular abgedruckt, wie es am Deutschen Institut für Rational-Emotive Therapie und Kognitive Verhaltenstherapie (DIREKT) in Würzburg verwendet wird.
Wenn Sie unter Gefühlen der Depression, Angst, Wut oder Schuldgefühlen leiden, so hilft es nachhaltig, sich mehrmals in der Woche für eine kurze Zeit in Ruhe hinzusetzen und das Selbsthilfeformular ehrlich auszufüllen. Für jeden äußeren Anlaß (= jedes Aktivierende Ereignis) und jedes bela-

---

1 Eine ausführliche Darstellung der Vorgehensweise bei der Rationalen Selbstanalyse habe ich in meinem Buch „Gefühle erkennen und positiv beeinflussen" gegeben.

stende Gefühl (= C) verwenden Sie ein eigenes Selbsthilfe-
formular.

Nehmen Sie z. B. an, Sie hatten

1. Ihrem Partner eine dringliche Bitte abgeschlagen,
2. Ihr Arbeitspensum nicht absolviert und reagierten in beiden Fällen mit massiven Schuldgefühlen und wurden
3. zusätzlich sehr depressiv.

In diesem Beispiel würden Sie drei Selbsthilfeformulare aus-
füllen und bearbeiten.[2]

Auf diese Weise wird es Ihnen möglich sein, in verhältnismäßig kurzer Zeit Ihre grundlegende selbstschädigende Lebensphilosophie zu erkennen und aktiv in Frage zu stellen
(= D). Als Effekt (= E) entwickeln Sie eine vernünftige
Einstellung und fühlen sich besser.

Übung 7

Machen Sie eine Rationale Selbstanalyse

Bearbeiten Sie ein aktuelles Gefühls- und/oder Verhal-
tensproblem aus letzter Zeit, indem Sie das Selbsthilfeformular aus dem Anhang benutzen.

Das Disputieren selbstschädigender Ideen (DSI):

Sie verwenden diese strukturierte Selbsthilfetechnik[3], um Ihr
Potential an rationalen Überzeugungen zu erhöhen und
selbstschädigende Ideen abzubauen.

Stellen Sie sich täglich (mindestens 10 Minuten) die unten
aufgeführten Fragen und durchdenken Sie diese gründlich.
Am besten Sie schreiben jede Frage und Ihre Antwort auf ein
Blatt Papier!

---

2 Ein Beispiel für ein ausgefülltes Selbsthilfe-Formular findet sich im Anhang.
3 DSI bei Albert Ellis DIBS genannt für Disputing Irrational Beliefs.

53

Der Fragenkatalog von DSI: (mit beispielhaften Antworten)

1. Welche selbstschädigende Idee möchte ich infragestellen und überwinden?

   Antwortbeispiel: Ich *muß* von jemandem, den ich wirklich mag, geliebt werden.

2. Ist eine solche Idee in bezug auf Rationalität haltbar?

   Antwortbeispiel: Nein.

3. Welche Beweise existieren dafür, daß diese Idee falsch ist?

   Antwortbeispiel:
   Es gibt viele Anzeichen dafür, daß es falsch ist, zu glauben, daß ich von jemandem geliebt werden *muß*, den ich mag.
   a) Es existiert im Universum kein Gesetz, das besagt, daß mich jemand lieben *muß*, der mir etwas bedeutet (wenngleich ich es schön fände, wenn dieser Mensch mich lieben würde!)
   b) Wenn mich eine bestimmte Person nicht liebt, so kann ich doch von anderen Menschen Zuneigung erhalten und auf diese Weise glücklich werden.
   c) Auch wenn mich keiner von den Menschen, die mir etwas bedeuten, jemals lieben würde, kann ich dennoch Zufriedenheit durch Freundschaften, bei meiner Arbeit, bei Freizeitaktivitäten etc. finden.
   d) Wenn mich jemand, für den ich eine tiefe Zuneigung empfinde, zurückweist, so ist das ein ziemliches Unglück; aber ich werde daran nicht sterben!
   e) Auch wenn ich in meinem ganzen bisherigen Leben noch keine große Zuneigung erhalten habe, so kann ich daraus nicht den Anspruch ableiten, daß ich jetzt endlich einmal geliebt werden *muß*.
   f) Auch wenn ich in meinem bisherigen Leben nicht sehr geliebt wurde, beweist das nicht, daß ich auch in Zukunft nicht geliebt werden kann.

g) Für kein absolutistisches MUSS existiert irgendein Anschein eines Beweises. Folgerichtig existiert auch kein Beweis dafür, daß ich *irgend etwas* bekommen *muß*, einschließlich Liebe und Zuneigung.

h) Es scheint durchaus viele Menschen zu geben, die niemals die Art von Liebe bekamen, die sie sich wünschten – die aber doch relativ glücklich leben.

i) Es gab Zeiten in meinem Leben, in denen ich auch ohne große Liebe relativ glücklich war; also kann ich wahrscheinlich auch jetzt und in Zukunft ohne große Liebe wieder relativ zufrieden sein.

j) Wenn ich von jemandem zurückgewiesen werde, den ich mag, so kann das darauf zurückzuführen sein, daß ich einige wenig angenehme Verhaltensweisen und/oder Eigenschaften besitze. Aber das bedeutet nicht, daß ich *insgesamt* als *in keiner Weise* liebenswerte, *wertlose Person* zu gelten habe.

k) Selbst wenn meine Verhaltensweisen und/oder Eigenschaften überhaupt nicht liebenswert wären, so muß ich mich dennoch nicht selbst als unliebenswertes, minderwertiges Individuum ansehen.

4. Gibt es umgekehrt irgendwelche Beweise dafür, daß meine Idee wahr ist?

Antwortbeispiel: Nein, in Wahrheit nicht!
Eine gewisse Evidenz gibt es allenfalls *dafür*: wenn ich jemanden sehr liebe, aber nicht „zurückgeliebt" werde, so bringt dies Frustrationen, Unannehmlichkeiten, Verlust von positiven Gefühlen etc. mit sich.
Daher ist es sicherlich vorzuziehen, nicht zurückgewiesen zu werden.
Aber keine Frustrationsmenge kann sich zu *Horror*, zur *Katastrophe* aufhäufen. Ich kann nach wie vor Frustrationen und Einsamkeit *aushalten*. Sie machen die Welt nicht *schrecklich*. Auch macht mich Zurückweisung nicht zum *minderwertigen Individuum*. Also gibt es eindeutig keinen Beweis dafür, daß ich von jemandem geliebt werden *muß*.

5. Was könnte mir *im schlimmsten Fall wirklich* passieren, wenn die Dinge sich nicht so entwickelten, wie ich glaube, daß sie sich entwickeln *müßten* (oder umgekehrt sich so entwickelten, wie sie es meiner Meinung nach nicht *sollten*)?

Antwortbeispiel:

a) Es würden mir verschiedene Freuden und Annehmlichkeiten entgehen.

b) Es könnte beschwerlich sein, sich nach neuer Liebe umzuschauen.

c) Ich könnte niemals die Liebe erhalten, die ich gerne hätte: Die angenehmen Seiten einer tiefen Liebesbeziehung würde mir dann fehlen. Wie enttäuschend!

d) Andere Menschen könnten mich herabwürdigen und mich für eine wertlose Person halten, weil ich zurückgewiesen worden bin. Das kann unerfreulich und verdrießlich sein.

e) Ich könnte die meiste Zeit allein sein: Das wäre sehr unerfreulich.

f) Es könnten noch viele andere Schwierigkeiten und Mißlichkeiten mein Leben überschatten – aber nichts davon muß ich als *schrecklich, entsetzlich, furchtbar, untragbar* ansehen.

6. Was könnte ich Positives tun, auch wenn ich nicht erhielte, was ich glaube erhalten zu *müssen* (bzw. mir zustieße, was mir angeblich nicht zustoßen *dürfte*)?

Antwortbeispiel:

a) Wenn der geliebte Mensch meine Liebe nicht erwidert, so könnte ich meine Anstrengungen erhöhen, um die Zuwendung von jemand anderem zu gewinnen – vielleicht sogar jemanden finden, der besser zu mir paßt.

b) Ich könnte mich anderen erfreulichen Aktivitäten widmen, die nichts oder wenig mit Liebesbeziehungen zu tun haben, z. B. kreativen, künstlerischen Tätigkeiten oder interessanten beruflichen Aufgaben.

c) Es könnte eine ausgesprochen spannende und befriedigende Aufgabe sein, sich den Weg zu erarbeiten, wie man relativ zufrieden und glücklich ohne Liebesbeziehung leben kann.

d) Ich könnte eine Lebensphilosophie entwickeln, mit der ich mich als Mensch voll akzeptiere, auch ohne die Liebe und Zuwendung zu erhalten, nach der ich mich jetzt sehne.

Ähnlich wie in unserem Beispiel können Sie mit der DSI-Technik alle selbstschädigenden, irrationalen Ideen – Ihre verborgenen „SOLLTE", „MÜSSTE", „DÜRFTE-NICHT" etc. – anzweifeln.

Um sicherzugehen, daß Sie dies auch wirklich mindestens 10 Minuten täglich für einige Wochen lang tun (= die mindeste Zeitspanne, die Sie in der Regel für eine wirksame Veränderung brauchen), können Sie auf Methoden des Selbstmanagements oder des operanten Konditionierens zurückgreifen.[4]

Übung 8

Das Disputieren selbstschädigender Ideen (DSI)

1. *Welche selbstschädigende Idee möchte ich infragestellen und überwinden?*

_____

_____

2. *Ist eine solche Idee in bezug auf Rationalität haltbar?*

_____

_____

---

4 Hierzu später.

3. *Welche Beweise existieren dafür, daß dieser Glaube falsch ist?*

4. *Gibt es umgekehrt irgendwelche Beweise dafür, daß meine Idee wahr ist?*

5. *Was könnte mir im schlimmsten Fall wirklich passieren, wenn die Dinge sich nicht so entwickelten wie ich glaube, daß sie sich entwickeln müßten (oder umgekehrt sich so entwickelten, wie sie es meiner Meinung nach nicht sollten)?*

6. *Was könnte ich Positives tun, auch wenn ich nicht er-*
hielte, was ich glaube erhalten zu müssen (bzw. mir
zustieße, was mir angeblich nicht zustoßen dürfte)?

_____

_____

_____

_____

_____

Das rational-irrationale Selbstgespräch

Ein wichtiger Aspekt des Disputationsprozesses besteht
darin, sich von
1. dem selbstschädigenden Charakter
und
2. der Unbeweisbarkeit seiner irrationalen Ideen zu überzeugen.
Mit anderen Worten: Die Idee, man *müsse* von jemandem
geliebt werden, führt erstens nicht zwingend dazu, daß man
diese Liebe erhält, sondern (und zwar sehr wahrscheinlich)
zu Gefühlen der Depression, Wut, Panik etc. Die Idee hat
selbstschädigenden Charakter. Und zweitens entbehrt diese
Idee der Logik, jeder Evidenz bzw. jeden Beweises ihrer
Richtigkeit, ist nicht an der Wirklichkeit orientiert. Umgekehrt führen rationale Annahmen eher zu einem zufriedenen
Leben, sind also zielfördernd und gehorchen den Gesetzen
der Logik, sind beweisbar durch der Wirklichkeit entnom-
mene Daten.
Hiervon gilt es sich wirklich zu *überzeugen*!
Eine interessante Technik, um diesen Überzeugungsprozeß
einzuleiten, stellt der Dialog zwischen seiner rationalen und
seiner irrationalen Stimme dar.

Sie nehmen diesen Dialog mit sich selbst auf einem Tonband-/Kassettengerät auf und überprüfen dann anschließend (oder auch am nächsten Tag), wie weit Sie es bereits beherrschen, Ihre rationale Stimme über Ihre irrationale Stimme im Streitgespräch „siegen" zu lassen. Manche meiner Klienten haben auf langen Autofahrten diese Technik eingesetzt und mittels eines Diktiergerätes ihren Dialog aufgenommen (und abgehört). Es gelang ihnen so in verhältnismäßig kurzer Zeit, ihrer rationalen Seite zu einem überzeugenden Sieg über ihre irrationale Seite zu verhelfen.

Übung 9

Dialog mit sich selbst

Üben und überprüfen Sie Ihre Fähigkeit, irrationales Denken zu überwinden, indem Sie ein Zwiegespräch mit sich führen und aufnehmen. Beginnen Sie mit Ihrer irrationalen Stimme und enden Sie mit Ihrer rationalen Stimme!

Der sprachliche Faktor für Ihr Wohlbefinden

Die Rational-Emotive Therapie mißt dem inneren Selbstgespräch große Bedeutung für das psychische Befinden zu. Die Art und Weise, wie Sie (mit sich selbst) sprechen, ist daher einer näheren Betrachtung wert. Wie *Alfred Korzybski* in seinem Buch „Science and Sanity" herausstellte, besteht eine enge Beziehung zwischen gestörtem Denken und einem „schludrigen" unpräzisen Sprachgebrauch. Um die emotionalen Probleme als Folge gestörten, irrationalen Denkens zu verringern, können Sie sich einige Aspekte der Allgemeinen Semantik (Bedeutungslehre) zunutze machen.

Wenn Sie bei sich einen Satz entdecken wie: „Ich muß beim Schachspielen gewinnen", so könnten Sie den Satz ändern in:

„Es wäre schön, beim Schachspielen zu gewinnen; aber wenn ich verliere, dann verliere ich eben!"

Oder Sie sagen:

„Ich hasse es, kritisiert zu werden. Das ist nicht zu ertragen!"

Ändern Sie den Satz in:

„Ich ziehe es vor, nicht kritisiert zu werden. Aber ich kann Kritik ertragen!"

Das heißt, Sie beginnen darauf zu achten, daß Sie in Ihrer Sprache anstatt fordernden, absolutistischen, dogmatischen Ausdrücken wie MÜSSEN, SOLLEN, NICHT-DÜRFEN die sprachlichen Entsprechungen für WUNSCH und ABNEIGUNG verwenden, z. B. MÖGEN, VORZIEHEN, WOLLEN etc.

Eine andere Kategorie von sprachlichen Verzerrungen stellen Ausdrücke dar, die auf

– unzulässige Verallgemeinerungen
– unrealistisches Schwarzweißdenken

hinweisen.

Verändern Sie einen Satz wie:

„*Immer* geht mir *alles* schief"

in den die Wirklichkeit korrekt wiedergebenden Satz:

„*Manchmal* oder *häufig* habe ich bei gewissen Dingen Probleme; *alles* (= 100%) läuft sicher nicht vom Zeitpunkt meiner Geburt bis zu meinem Tode (= *immer*) schief."

Oder:

„*Keiner* mag mich."

Realistisch:

„Die Leute, die ich im Moment kenne, bzw. ein großer Teil von ihnen, scheinen mich nicht zu mögen."

Oder:

„Ich werde meine Depressionen *nie* loswerden!"

Realistisch:

„Es wird einige Zeit nötig sein, um meine Depressionen zu verringern."

Wie Sie verborgene Bedeutungen in Ihren Selbstdialogen bewußt machen können, indem Sie die Tiefenstruktur von Sätzen aus ihrer Oberflächenstruktur aufdecken, zeigen *Bandler/Grinder*[5] unter Bezug auf die Transformationsgrammatiker (moderne Semantik). Dazu ist es nur nötig, die Worte und Satzteile in Ihrem Selbstdialog zu identifizieren, die keinen Beziehungsindex haben. Was heißt das?

In dem Satz „Die *Leute* mögen mich nicht"
zeigt das Wort „Leute" nicht an, auf wen genau es sich bezieht. Wer sind die Leute? Würden wir dem Wort „Leute" ein Indexzeichen geben, das auf eine Anmerkung verweist, so stünde bei der Anmerkung – nichts!

In Wirklichkeit hat aber derjenige, der einen solchen Satz benutzt, natürlich seine konkreten Erfahrungen mit Leuten (und eben nicht mit *allen* Menschen) gemacht. Der fehlende Beziehungsindex deckt diese Tatsache zu mit der Folge, daß der Sprecher eine *neue* (sicher falsche) Wirklichkeit konstruiert (= die „Realität", daß er mit *allen* Menschen schlechte Erfahrungen gemacht habe).

Oder nehmen Sie folgende Aussage:

„*Keiner* hört darauf, *was* ich sage."

Auf was bezieht sich „keiner"?

Auf was bezieht sich „was"?

„Keiner" und „was" haben keinen Beziehungsindex.

Es ist leicht, seine verzerrten Konstruktionen der Wirklichkeit zu erkennen und zu korrigieren, wenn man in seinen Sätzen auf fehlende Bezüge (= fehlende Beziehungsindices) achtet. Durch die Fragen

– Wer genau? Wer konkret?
– Was genau? Was konkret?

lassen sich dann anschließend die Beziehungen herstellen.

Gehen Sie also so vor:

„Die Leute mögen mich nicht."

Wer genau sind „die Leute"?

Antwort: Meine Familie und meine Arbeitskollegen.

---

5 Bandler, R./Grinder, J. 1982. Metasprache und Psychotherapie. Struktur der Magie I. Vgl. auch Ulsamer, Bertold. 1987. NLP: Konzentration auf das Wesentliche. In: Welche Therapie?

Übung 10

Situationsbeschreibung – Konkretisieren Sie Ihr Denken:

Unter Spalte 1 beschreiben Sie die Aktivierende Situation. Unter Spalte 2 korrigieren Sie Ihre Situationsbeschreibung, indem Sie sich fragen: „Wer genau? Was konkret?" bzw. Ihre Situationsbeschreibung nach fehlenden Beziehungsindices überprüfen und gegebenenfalls ergänzen.

1. Ungenau beschriebene Situation

2. Meine Konkretisierung

Gefühlsmethoden der Selbstveränderung

Die RET betont zwar die Bedeutung der Gedanken und der Vorstellung für die Entstehung emotionaler Probleme – sie ist stark kognitiv orientiert –, aber sie erkennt auch, daß Menschen *zur gleichen Zeit* denken und fühlen. Wenn wir denken und handeln, fühlen wir. Wenn wir fühlen, denken und handeln wir.

Es ist wichtig, seine selbstschädigenden Ideen zu hinterfragen und zu verändern, um seine emotionalen Störungen zu verringern. Aber der fast einzige Weg, um auch zu *erleben*, daß Sie die selbstschädigenden Aspekte Ihres Denkens wirksam geändert haben, besteht darin, mit seinen Gefühlen in Kontakt zu kommen und neues Verhalten auszuprobieren. In diesem Sinne hat die RET eine Reihe von emotiven Methoden entwickelt, die z. T. auch in anderen Psychotherapien eine Rolle spielen. So etwa in der Gestalttherapie, in sog. Encounter-Gruppen und körperorientierten Therapieschulen. Allerdings betonen diese Verfahren mehr den „reinigenden" Effekt des Prozesses, der uns in Kontakt mit unseren Gefühlen bringt, bzw. den „reinigenden" Effekt des Ausdrückens und Auslebens von Gefühlen. In der RET meinen wir jedoch, daß Gefühlskontakt oder Gefühlsausdruck für sich alleine noch nicht dazu beitragen, daß unangenehme Emotionen automatisch geringer werden. Erst wenn eine gleichzeitige Veränderung der Emotionen erreicht wird, kann auch eine dauerhafte Besserung des psychischen Befindens eintreten.

Erleben Sie, wie Sie Ihre Gefühle verändern können:
Die Rationale Vorstellungsübung

Eine zentrale emotive Methode ist die sogenannte Rationale Vorstellungsübung. Ich gebe meinen Klienten folgende Anweisung zur Durchführung der Rationalen Vorstellungsübung:

„Konzentrieren Sie sich auf Ihre Gefühle der Angst, Depression, der Wut oder des Minderwertigkeitsgefühls, indem Sie sich *vorstellen,* daß Ihnen am Punkt A (= Auslösendes Ereignis) das Schlimmste passiert. Wenn Sie sich z. B. in bezug auf Ihr Arbeitsleben deprimiert fühlen, so fantasieren Sie vielleicht, wie Sie bei verschiedenen Gelegenheiten in den letzten Jahren große Fehler gemacht haben, wie Sie von Ihren jeweiligen Vorgesetzten dafür scharf kritisiert wurden und wie Sie deshalb mehrere Jobs verloren. Wenn Sie sich das intensiv vorstellen (am Punkt A), so werden Sie sich vielleicht ziemlich deprimiert fühlen (am Punkt C, der emotionalen Konsequenz Ihrer Einstellung am Punkt B). Bleiben Sie ruhig ein bis zwei Minuten mit diesem Gefühl in Kontakt. Jetzt aber tun Sie folgendes: Stellen Sie sich weiter vor, wie Sie Mißerfolg im Arbeitsleben haben (exakt in der gleichen Weise wie zuvor!), verändern Sie aber Ihr Gefühl dahingehend, daß Sie sich *nur noch enttäuscht* fühlen über Ihre Vorstellung. Nicht jedoch deprimiert oder panisch – nur enttäuscht oder ein Gefühl des Bedauerns. Glauben Sie nicht, Sie könnten Ihr Gefühl auf diese Weise nicht ändern! Versuchen Sie es! Geben Sie nicht auf! Arbeiten Sie an der Veränderung so lange weiter, bis Sie wenigstens für einige Sekunden Ihr neues emotionales Ziel der Enttäuschung erlebt haben! Sie können es!"

Wenn der Klient das schließlich erreicht hat, so frage ich:
„Was haben Sie getan, daß Sie sich nur noch enttäuscht fühlen und nicht mehr deprimiert?"
Meist wird dann festgestellt, daß gedankliche Veränderungen vorgenommen wurden. Der Klient hat sich z. B. gesagt:
„Es ist sicher nicht angenehm, so viele Fehler zu machen und den Job zu verlieren. Aber das bedeutet nicht, daß es immer so laufen muß. Es gibt keinen Grund, warum ich in Zukunft nicht lernen könnte, weniger Fehler zu machen."
Oder er sagte sich:
„Ich scheine nicht sehr geeignet zu sein für einen solchen Beruf. Vielleicht liegt mir eine solche Arbeit nicht und ich könnte mich nach anderer Arbeit umsehen. Kein Grund zur Verzweiflung!"
Sie könnten sich auch gesagt haben:
„Ich schätze, daß ich nicht gerade ein Arbeitstyp bin, und ich

mag eine solche Arbeit auch gar nicht. Aber egal, im Moment kann ich meinen Lebensunterhalt nicht anders verdienen, also bleibe ich dabei und versuche, es in Zukunft etwas besser zu machen. Inzwischen schaue ich mich um, ob andere Möglichkeiten für mich bestehen."

So oder ähnlich können Sie eine neue Philosophie entwickkeln, die Ihnen zu angemessenen Emotionen verhilft. Praktizieren Sie die Vorstellungsübung an *mindestens* 30 Tagen fünf bis zehn Minuten täglich. Nach einiger Zeit werden Sie entdecken, daß Sie sich automatisch angemessen enttäuscht, aber nicht mehr unangemessen deprimiert fühlen werden. Sogar dann, wenn Sie wirklich eine Arbeitsstelle verlieren sollten oder irgendein anderes unglückliches Ereignis eintritt!

Ich selbst habe eine spielerische Form der Rationalen Vorstellungsübung entwickelt[6] und mit vielen Klienten durchgeführt, die Sie zur Abwechslung ebenfalls verwenden können. Hierbei denken Sie sich eine Skala von 0–100 und legen dann subjektiv fest, wie intensiv Ihr Gefühl (z. B. Ihre Angst) ist.

Der Punkt 0 auf der Skala könnte dann bedeuten: keinerlei Anspannung.

Der Punkt 100 am anderen Ende der Skala: höchste Panik. Wenn Sie nun z. B. vier Wochen vor einer Prüfung stehen, so stellen Sie sich in Ihrer Vorstellungsübung vor, wie Sie während der Prüfung schlecht abschneiden: „stecken bleiben", Unsinn reden etc. (= den schlimmsten Fall am Punkt A). Nun fühlen Sie Ihre Angst und ordnen sie vielleicht dem Punkt 80 auf Ihrer Skala zu (subjektive Einschätzung!), was soviel bedeuten könnte wie: sehr große Angst.

Versuchen Sie nun, Ihre Angst für wenige Sekunden in der Intensität steigen zu lassen, also z. B. auf 90, was Sie mit beginnender Panik umschreiben könnten. Dann gehen Sie wieder auf 80 zurück. Spielen Sie mit diesem Auf und Ab, bevor Sie schließlich unter den Punkt 80 gehen.

---

6 Schwartz, D. 1980. Imaginationstechniken in der rational-emotiven Therapie. In: RET-report Jg. 1. Heft 1, 36–42.

Die übrige Vorgehensweise ist mit der üblichen Rationalen Vorstellungsübung identisch.

Übung 11

Mit der Rationalen Vorstellungsübung Problemsituationen bewältigen

Beschreiben Sie in Spalte 1 die Situation, an der Sie in Ihrer Vorstellung arbeiten wollen. Vermerken Sie in Spalte 2 Ihre Erfahrungen, nachdem Sie sich in der Vorstellung mit der problematischen Situation konfrontierten und sich vorstellten, wie Sie die Situation mit rationalem Selbstgespräch bewältigten. Experimentieren Sie damit, daß Sie sich als Situation den schlimmsten Fall denken.

1. Die Situation: *2. Ergebnis meiner*
schlimmster Fall   *Vorstellungsübung*

Verhaltensmethoden der Selbstveränderung

Der dritte Ansatzpunkt für Ihre Veränderungsstrategie ist der Bereich des Verhaltens. Sie können Ihre selbstschädigende Lebensphilosophie radikal dadurch in Frage stellen, daß Sie ihr *zuwiderhandeln*.

Handeln, nicht debattieren!

Ein Beispiel aus meiner Praxis:
Ein Klient, der unter extremer Angst vor der Benutzung von Fahrstühlen litt (ein sog. Fahrstuhlphobiker), begann seine Ängste damit zu überwinden, daß er seine zugrundeliegenden irrationalen Annahmen disputierte. Als zentrale selbstschädigende Idee hatte er bereits identifiziert:
1. „Wenn ich jetzt den Fahrstuhl benutze, werde ich große Angst empfinden. Mein Herz wird bis zum Halse klopfen, meine Hände werden schweißnaß werden etc."
2. „Einen solchen *schrecklichen* Zustand kann ich *nicht ertragen!*"

Der Klient hatte sich nun für den Fortgang seiner Therapie etwa folgenden Therapieplan erarbeitet:

1. „Ich korrigiere meine katastrophisierende Idee mit dem Ziel, meinen Angstzustand als zwar unangenehm, aber nicht als *schrecklich* und *unerträglich* anzusehen."

2. „*Dann* werde ich diese neue rationale Sichtweise mit der Rationalen Vorstellungsübung einige Wochen lang sozusagen in einer ‚Trockenübung' verfestigen."

3. „*Dann* werde ich *ein* Stockwerk mit einem Fahrstuhl fahren, am *nächsten Tag zwei* Stockwerke usw."

Diese schrittweise Annäherung an die angstbesetzte Situation am Punkt A (= dem Aktivierenden Ereignis) ist vergleichbar mit der Methode der Systematischen Desensibilisierung, wie sie in der klassischen Verhaltenstherapie – oft sehr erfolgreich – durchgeführt wird. Dennoch sprachen einige Punkte in dem geschilderten Fall dagegen, diese Methode anzuwenden. Kennzeichnend für den Klienten war, daß er *Symptomstreß* entwickelte. Darunter verstehen wir in der RET, daß jemand *über sein Symptom* neue irrationale Gedanken entwickelt und sozusagen nach seinem ursprünglichen, ersten Problem ein zweites, neues Problem schafft, das noch mehr belastet als das ursprüngliche. In unserem Beispiel entwickelte der Klient über sein primäres Problem (das ist die Angst vor der Benutzung von Fahrstühlen) eine zweite *Angst vor der Angst!* (= „Ich kann den Angstzustand nicht ertragen!").

Mit anderen Worten: Der Klient litt unter extrem niedriger Frustrationstoleranz.[7] Er glaubte, unangenehme Zustände wie Angst seien unerträglich.

Die Systematische Desensibilisierung leistet dieser niedrigen Frustrationstoleranz Vorschub, indem sie dem Klienten durch ihr schrittweises Vorgehen suggeriert, unangenehmen Zuständen könne man sich nur „scheibchenweise" annähern, da die „ganze Portion" nicht zu verkraften sei. Aber genau diese Idee *verursacht* niedrige Frustrationstoleranz. Daher empfiehlt sich also häufig – vor allem bei Symptomstreß und

---

7 Bei A. Ellis LFT (= Low Frustration Tolerance) genannt.

geringer Frustrationstoleranz – eine direkte Vorgehensweise. Sie besteht darin, den „Sprung ins kalte Wasser" zu wagen und *möglichst bald* die bisher vermiedenen Handlungen durchzuführen. Hat sich ein Mensch erst einmal zu diesem Schritt entschlossen und ihn ausgeführt, so findet quasi automatisch auch eine kognitive, also gedankliche Veränderung statt. Der Fahrstuhlphobiker kann seine selbstschädigende Idee von der Schrecklichkeit seines Angstzustandes kaum aufrechterhalten, nachdem er z. B. 50 mal erlebt hat, daß er aufgrund seiner Angst nicht stirbt. „Schön und gut", könnten Sie mich nun fragen, „aber wie kann ich mich dazu bringen, den Sprung ins kalte Wasser zu wagen?"

Meine Antwort ist ganz einfach: „Indem Sie sich dazu zwingen!"

Das klingt banal, ist aber – wie Klienten von RET-Therapeuten *oftmals bewiesen* haben –

1. möglich

und

2. sehr wirksam.

Der entscheidende Punkt ist auch hier unser inneres Selbstgespräch, wobei wir allerdings auf ein von *Russel M. Grieger* in die RET neu eingeführtes Konzept zurückgreifen.[8]

„Sich dazu zwingen" heißt danach:

1. Festlegen, was Sie tun werden.

2. Es ausführen *ohne innere Debatte.*

Egal wie Sie sich fühlen, Sie haben Ihr Ziel festgelegt! Also debattieren Sie nicht mehr mit sich („Ob ich es wohl schaffe? Wird es auch nicht zu schlimm? Gäbe es nicht einen *einfacheren* Weg?"). Akzeptieren Sie einfach, daß Ihre Handlung jetzt passieren wird und zum Lauf der Welt gehört. Der wesentliche Punkt hierbei ist, daß Sie – ist erst einmal entschieden, was Sie tun werden – darüber mit sich *nicht mehr verhandeln!*

Die Methode ist enorm wirksam und häufig eine der schnellsten grundlegenden Veränderungsstrategien. Insbesondere ist diese Methode auch angezeigt, weil – wie eine neue Un-

8 Vgl. R. M. Grieger 1985.

tersuchung von *Howard Kassinove* zeigte – geringe Frustrationstoleranz neben geringem Selbstwertgefühl in unserer heutigen Zeit im Zentrum emotionaler Probleme zu stehen scheint.[9]

Shame-attacking exercises

Die sogenannten Scham-attackierenden Übungen sind innerhalb der RET entwickelt worden und werden in der Regel unter die emotiven Methoden der Selbstveränderung eingereiht.

Zweifelsohne sind es Übungen, die uns mit Gefühlen der Scham und Peinlichkeit in Kontakt bringen, dennoch scheint mir die Verhaltensorientierung hierbei der wesentliche Aspekt zu sein, so daß ich sie unter die Verhaltensmethoden einordnen möchte.

Shame-attacking exercises sind auf den ersten Blick sinnlose Übungen, die sich jedoch gegen weit verbreitete und hinderliche Auffassungen richten, mit denen Menschen sich „das Leben schwer machen". Insbesondere die Abhängigkeit davon, was andere Leute von uns denken könnten, und die damit verbundenen Gefühle der Scham und Peinlichkeit sowie die daraus resultierende Einengung möglicher Aktivitäten werden durch „shame-attacks" wirksam bekämpft. Hier einige Beispiele aus der Praxis von RET-Therapeuten:

- Fragen Sie einen Fremden auf der Straße, ob Sie sich bei ihm zu Hause duschen dürften, Sie hätten keine Dusche.
- Rufen Sie in der Straßenbahn oder im Bus laut die Stationen aus, aber bleiben Sie in der Bahn bzw. im Bus.
- Führen Sie eine Banane an einer Schnur spazieren.
- Ziehen Sie sich komisch an.
- Sagen Sie etwas „Dummes" zu einer Gruppe von Leuten.
- Bringen Sie schlecht zubereitetes Essen in die Küche eines Restaurants zurück.

Wenn Sie diese oder ähnliche „shame-attacks" ausführen, achten Sie aber darauf, daß Sie nicht in echte Schwierigkei-

---

9 Vgl. H. Kassinove 1986.

ten kommen (z. B. verhaftet werden), und tun Sie nichts, was andere wirklich verletzt (z. B. jemanden ohrfeigen). Der Sinn der Übungen besteht darin, daß Sie an sich selbst arbeiten.

Quatsch? Unsinn?

Ja, natürlich! Aber gerade das ist der Sinn der „shame-attacks"!

Peinlich? Erniedrigend? Beschämend?

Nein, nichts ist wirklich peinlich, solange Sie es nicht so *definieren.*

Übung 12

Attackieren Sie Ihre Peinlichkeitsgefühle

Wenn Sie sich dazu entschließen, mit Hilfe der shame-attacking-exercises Ihre Gefühle der Scham und Peinlichkeit anzugehen, so halten Sie Ihre Ergebnisse hier fest. Unter Spalte 1 beschreiben Sie kurz die Situation, der Sie sich aussetzten. Unter Spalte 2 halten Sie fest, wie Sie sich danach fühlten.

1. Die „peinliche" Situation

2. Meine Reaktion auf diese Erfahrung

_____   _____

_____   _____

_____   _____

_____   _____

_____   _____

Inneren Widerstand durch Selbst-Management überwinden

In RET und KVT betonen wir, daß Veränderungen der Klienten in Richtung des erwünschten Zieles in der Regel dann und jedenfalls schneller erreicht werden, wenn der Klient bereit ist, an seinem Problem *aktiv zu arbeiten.* Und zwar arbeiten im geradezu wörtlichen Sinn: nämlich unter Fleiß- und Zeitaufwand. Die meisten Klienten sind auch bereit, dem Motto „Ohne Fleiß kein Preis" zu folgen und z. B. die mit ihrem Therapeuten (oder mit sich selbst) vereinbarten „Hausaufgaben" regelmäßig zu erledigen. Dennoch gibt es einige Klienten, die gelegentlich ihre Therapiearbeiten unzureichend oder überhaupt nicht machen: Man könnte dann von einem inneren Widerstand sprechen.

Wie kann ein Therapeut mit diesem inneren Widerstand des Klienten umgehen (oder Sie selbst, wenn Sie ehrlicherweise erkennen, daß bei Ihnen ein solcher hinderlicher Widerstand vorhanden ist)? Eine Haupttechnik besteht darin, den inneren Widerstand erneut einer A-B-C-Analyse zu unterziehen und die selbstschädigenden Einstellungen zu disputieren.

Sie könnten sich also fragen: „Als ich gestern abend DSI (= Disputieren selbstschädigender Ideen) machen wollte, mich aber dann entschloß, es nicht zu tun und auf heute zu verschieben – was ist mir dabei durch den Kopf gegangen?" Vielleicht entdecken Sie folgenden Satz:

„Ach, ich mache es später."

Aber das war höchstwahrscheinlich eine sogenannte Rationalisierung, d. h. Sie haben sich eine scheinbar harmlos vernünftige Begründung dafür gegeben, warum Sie nicht mit Ihrer Hausaufgabe begannen. In Wirklichkeit haben Sie sich angelogen.

Welche Begründung gaben Sie sich wirklich, *in dem Moment,* als Sie die Arbeit auf morgen verschoben hatten? Wahrscheinlich etwas wie dieses:

„Ach, jetzt DSI zu machen ist *zu* anstrengend und *zu* mühsam. Ich möchte lieber diese schöne Sendung im Fernsehen anschauen."

Und so könnte Ihr „Widerstands-ABC" aussehen:

A Entschluß, die Hausaufgabe zu erledigen.

B *Zu anstrengend.* Meine Therapie *soll* leicht und ohne Anstrengung zum Erfolg führen."

C Aufschieben, Nicht erledigen.

Und nun fragen Sie sich:

D „Wieso ist es nicht nur anstrengend, jetzt DSI zu machen, sondern *zu anstrengend?* Wo gibt es einen Beweis dafür, daß meine Fortschritte in der Therapie leicht und mühelos sein *müssen?*"

Diese Form des selbstschädigenden inneren Widerstandes besteht also aus einem inneren Selbstgespräch, das wir als

die Philosophie der geringen Frustrationstoleranz

bezeichnen könnten:

- daß es *zu lästig und anstrengend* sei, seine „Hausaufgaben" zu machen;
- daß man Fortschritte auch leicht erzielen *müßte;*
- daß man mühsame Arbeit *nicht schaffen kann;*
- daß eine Welt *furchtbar* ist, in der man Veränderungen nur schwer und unter Mühen erreichen kann.

Wenn auch Sie bei sich diese Philosophie der geringen Frustrationstoleranz entdecken, so zögern Sie nicht, zunächst Ihre selbstschädigenden Einstellungen gründlich in Frage zu stellen. Die Erfahrung hat gezeigt, daß sich auf diese Weise der innere Widerstand gut auflösen läßt.

Übung 13

Bekämpfen Sie Ihre geringe Frustrationstoleranz.

Sie wissen jetzt, welche selbstschädigenden Denkmuster geringe Frustrationstoleranz verursachen und wie Sie dagegen erfolgreich rationale Alternativen entwickeln können. Üben Sie nun bei verschiedenen Gelegenheiten, indem Sie kurz die Situation beschreiben, dann Ihren Selbstdialog aufzeichnen und den Ausprägungsgrad Ihrer Frustrationstoleranz kennzeichnen.

1. Situation	*2. Ihr rationales Selbstgespräch*	*3. Frustrations-toleranz*
		niedrig hoch
_____	_____	1 2 3 4 5
_____	_____	
	_____	
	_____	
_____	_____	1 2 3 4 5
_____	_____	
	_____	
	_____	
_____	_____	1 2 3 4 5
_____	_____	
	_____	

Von Kognitiven Verhaltenstherapeuten und RET-Therapeuten wird häufig eine weitere Technik zur Überwindung
des inneren Widerstandes eingesetzt:
Sie basiert auf den Prinzipien des sog. operanten Konditionierens, wie sie von *B. F. Skinner* und anderen bekannten
klassischen Verhaltenstherapeuten entwickelt worden sind.
Wie gehen Sie dabei vor?
In einem *ersten Schritt* erstellen Sie sich eine Liste von Tätigkeiten, die Ihnen besonders viel Spaß und Freude bereiten.
Also zum Beispiel:
– ein Kino- oder Theaterbesuch
– Sport treiben
– im Restaurant essen
–Freunde besuchen
und ähnliches.
Im *zweiten Schritt* knüpfen Sie diese Tätigkeiten an Ihre
„Hausaufgaben": nur wenn Sie Ihre jeweilige Therapieauf-
gabe erfüllt haben, dann belohnen Sie sich dafür mit den von
Ihnen gewählten angenehmen Aktivitäten. Andernfalls ent-
fällt der Spaß! Darüber hinaus können Sie im Selbstmanagement auch negative Konsequenzen einsetzen, wenn Sie Ihre
gewählten Aufgaben nicht durchführen. D. h. Sie denken
sich eine negative Konsequenz aus, wie z. B.
– besonders früh aufstehen
– die Wohnung gründlich sauber machen
etc., und führen diese unangenehmen Tätigkeiten aus, wenn
Sie Ihre „Hausaufgaben" nicht machten.
Bedenken Sie aber: Es ist nicht Sinn dieser negativen Konsequenzen, sich selbst *als Person* zu *bestrafen* oder zu *verdammen.*

Übung 14

Verhaltensstrategien entwickeln, um zu erreichen, was Sie erreichen wollen

Schritt 1: Wählen Sie eine Aufgabe, die Sie erledigen wollen:

_____

_____

_____

_____

_____

Schritt 2: Teilen Sie die Aufgabe in einzelne aufeinander aufbauende Schritte auf, die Sie für sich genommen verhältnismäßig rasch erledigen können. Erstellen Sie dann Ihren Fahrplan:

Tag	Heute zu erledigen	Erledigt?
1	_____	Ja/Nein
2	_____	Ja/Nein
3	_____	Ja/Nein
4	_____	Ja/Nein
5	_____	Ja/Nein
6	_____	Ja/Nein
7	_____	Ja/Nein

Schritt 3: Füllen Sie die Liste aus mit angenehmen Dingen (Belohnungen) und unangenehmen Dingen (Bestrafungen).
Für jeden Tag eine Belohnung und eine Bestrafung. Bedenken Sie dabei jedoch, daß sowohl Belohnung als auch Bestrafung erst am Ende des Tages eingesetzt werden sollen bzw. nachdem Sie wissen, ob Sie Ihre Tagesaufgabe erledigt haben.

1.Tag	2.Belohnung	3.Bestrafung
1	_____	_____
2	_____	_____
3	_____	_____
4	_____	_____
5	_____	_____
6	_____	_____
7	_____	_____

Teil II

Problemfelder

4. Die Bewältigung von Depressionen und geringer Frustrationstoleranz

Im folgenden Abschnitt möchte ich Ihnen anhand eines Therapieausschnittes Lösungsmöglichkeiten für das Problem der Depression aufzeigen. Häufig findet sich bei depressiv verstimmten Klienten auch eine ausgeprägt geringe Frustrationstoleranz.

Die Klientin (im folgenden K.) ist eine 28jährige verheiratete Frau mit drei kleinen Kindern.

Therapeut (im folgenden T.) liest aus dem Selbsthilfeformular, das die Klientin (K.) ausgefüllt hat:

T.: Also Sie sagen: „Der Gedanke, ich könnte meinen Kindern etwas antun, belastet mich." Wann haben Sie den Gedanken?

K.: (schluchzt): Zu allen möglichen Gelegenheiten, wenn ich z. B. in der Zeitung etwas über einen Kindermord lese oder mit dem Brotmesser eine Scheibe Brot für meine Kinder abschneide und ähnliches.

T.: Und verspüren Sie einen unwiderstehlichen Drang, Ihren Kindern etwas anzutun?

K.: Nein, das nicht. Aber was mich so fertig macht, ist, daß ich überhaupt so etwas denke. *Das* macht mich ganz depressiv.

T.: Was meinen Sie mit „*das*"?

K.: Daß ich so etwas *Furchtbares* denke!

An diesem Beispiel sehen wir, daß nicht nur Ereignisse, sondern auch Gedanken „Auslösende Ereignisse" (= Aktivierende Ereignisse) im Sinne der A-B-C-Theorie der RET sein können. Das A-B-C- der Klientin lautet:

79

A	Ein Gedanke
B	Dies zu denken ist *furchtbar.*
C	Depressive Verstimmung

T.: Was ist an dem Gedanken *furchtbar*?

K.: Nun, so etwas denkt man doch nicht als Mutter.

T.: Denken *kann* das jede Mutter. Was Sie meinen, ist: „Als Mutter *darf* man so etwas nicht denken", nicht wahr?

K.: Genau. Das ist nicht normal.

T.: Was verstehen Sie unter „nicht normal"?

K.: (weint) Nun . . . ich befürchte, ich komme ins Nervenkrankenhaus, wenn ich so weitermache . . .

T.: . . . und daß Sie also eine *schlechte Mutter*, ein *schlechter Mensch* sind. Sie bewerten sich als Mutter und Mensch *insgesamt*, Sie sagen sich: „Ich bin nur dann eine *gute Mutter*, ein *guter Mensch*, wenn ich so etwas nicht denke." *Das* bringt Sie in Schwierigkeiten, *das* macht Sie depressiv. Sicher wäre es nicht schön, wenn Sie ins Nervenkrankenhaus kämen, das hätte Nachteile für Sie. Aber abgesehen davon, daß ich keinen Grund sehe, warum Sie ins Nervenkrankenhaus kommen sollten, was wäre daran so *furchtbar und entsetzlich*?

K.: (schluchzt) Die Leute . . . was würden die denken?

T.: Was könnten sie *schlimmstenfalls* denken?

K.: Daß ich nicht normal bin . . .

T.: . . . und eine *schlechte Person*.

K.: Ja.

T.: Und *macht* Sie das zu einer *schlechten Person*, wenn und nur weil andere es von Ihnen denken?

K.: Nein, ich glaube nicht.

T.: Deshalb denken Sie besser um. Es ist nicht schön, wenn andere schlecht von Ihnen denken, aber es *macht* Sie nicht schlecht. Es ist nachteilig, ins Nervenkrankenhaus zu kommen, aber es beweist nicht, daß Sie eine *schlechte Mutter* sind.

Wir können die zentrale, depressiv machende Einstellung der Klientin erkennen – ihre Selbstabwertungstendenz. Sie sieht sich als *wertlosen Menschen*, als *schlechte Mutter*, wenn sie nicht „normal" denkt. Ein evtl. Klinikaufenthalt wäre für sie ein endgültiger Beweis für ihre Minderwertigkeit.

Wenn Sie sich depressiv fühlen, so ist es ganz wichtig, zu erkennen, daß Ihre Einstellungen (Ideen) und nicht irgendwelche Ereignisse Ihre Depression verursachen. Wir erkennen aber auch die geringe Frustrationstoleranz der Klientin, der solche Gedanken zugrunde liegen wie: „Es ist *schrecklich*, wenn man in eine Nervenklinik kommt. Das *halte ich nicht aus!* Das *darf* mir nicht passieren!" Diese irrationalen Gedanken führen zu Verzweiflung. Sie helfen nicht dabei, sich als Mensch zu akzeptieren mit all seinen Schwächen und Fehlern. Sie machen depressiv und ändern an dem Auslösenden Ereignis gar nichts, sind also selbstschädigend.

T.: Nehmen Sie an, Ihre Nachbarn würden davon erfahren, daß Sie im Nervenkrankenhaus waren. Was würde passieren?

K.: Sie würden mich wahrscheinlich nicht mehr akzeptieren.

T.: Warum nicht? Was ist so unaktzeptabel an Ihnen?

K.: Daß ich nicht normal wäre.

T.: Würden Sie *erst* durch den Klinikaufenthalt unnormal *werden*?

K.: Nein, das nicht.

T.: Also sind Sie schon jetzt anomal?

K.: Ja, so sehe ich das.

T.: Sie haben recht. *Sie* sehen das so. Sie *definieren* sich als nicht normal und sagen sich: „Wenn die Leute das wüßten, würden sie nicht mal mit mir reden. Das wäre *entsetzlich*." Sagen Sie so etwas zu sich?

K.: Ja, oft.

T.: Nun, wieso ist es *furchtbar*, wenn die Nachbarn nicht mit Ihnen reden?

K.: Dann wäre ich isoliert.

T.: Deshalb wäre es *unangenehm*, aber wieso *furchtbar unangenehm*?

K.: Es würde, glaube ich, mir zeigen, daß ich *eine Niete* bin.

T.: Sie definieren sich als Niete. Sie sagen sich: „Die Leute reden nicht mit mir, weil sie mich für eine Null halten. Sie haben ja so recht!" Sie stimmen dem zu! Aber warum stimmen Sie den Leuten zu, wenn sie Sie für eine Niete halten?

K.: Ich weiß nicht. Ich hab immer schon so eine Tendenz gehabt, das zu glauben.

T.: Wahrscheinlich deshalb, weil Sie *fordern*, daß andere Sie akzeptieren müssen, damit Sie sich akzeptieren können. Sie sagen sich: „Ich bin nur dann keine *Niete*, wenn die Leute mich akzeptieren. Ich habe nur dann *Wert als Person*, wenn die Leute mich mögen – wenn nicht, dann beweist das, daß ich *eine Null* bin." Das ist Ihre Definition der Sache. Was bringt Ihnen das?

K.: Nun ja, wahrscheinlich nichts.

T.: So ist es. Selbst wenn die Leute Sie mögen, Sie würden sich dennoch ständig sorgen. Worüber wohl?

K.: Ja, ja. Wahrscheinlich, ob sie mich auch in Zukunft mögen werden.

T.: Genau. Sie würden damit nur dann aufhören können, wenn Sie eine *Garantie* hätten, daß Sie immer akzeptiert werden. Aber wie sollen Sie die kriegen?

K.: Das wird es nicht geben, ja, ich sehe das.

T.: Garantien dieser Art existieren nicht. Also werden Sie sich Ihr Leben lang elend fühlen, wenn Sie Ihre falsche Philosophie nicht ablegen: Wenn Sie nicht akzeptiert werden, beweist das Ihrer Meinung nach, daß Sie *eine Niete* sind. Werden Sie akzeptiert, so müssen Sie sich ängstigen, wie lange Sie noch akzeptiert werden. Was könnten Sie tun, um sich zu akzeptieren?

K.: Ich weiß nicht . . .

T.: Warum verändern Sie Ihre selbstschädigende Lebensphilosophie nicht?

K.: Sie sitzt so tief, wie soll ich sie loswerden, ich wünschte, es wäre anders.

T.: Was tun Sie dafür?

K.: Eigentlich nichts . . .

T.: Eben. Wenn Sie sagen: „Ich kann nicht Schach spielen" und ich fragte Sie: „Warum nicht?" und Sie antworten mir:

„Ich versuche es nicht" – beweist das, daß Sie es nicht können? Solange Sie es nicht versuchen, Ihre Lebensphilosophie zu ändern, wird sie bestehen bleiben. Fangen Sie also an, sich zu verändern. Wenn Leute Sie nicht akzeptieren, weil Sie sich komisch verhalten, was sagen Sie dann besser zu sich?

K.: Daß ich mich trotzdem akzeptieren kann . . .

T.: Obwohl Sie sich komisch verhalten?

K.: Das fällt mir schwer.

T.: Wieso *sind* Sie *eine Null,* wenn Sie sich komisch *verhalten*?

K.: Na ja, ich zeige es doch durch mein Verhalten.

T.: Nein, Sie definieren sich bloß als Null. *Es gibt aber keine Nullen unter den Menschen.* Wieso sind Tyrannen oder Diktatoren keine *Nullen,* keine *minderwertigen Teufel?*

K.: Die meisten Menschen denken es aber!

T.: Das ist ein Fehler! Sie sind keine Teufel, sie *handeln* oftmals sehr *schlecht,* aber wie kann sie das zu *Teufeln,* zu *absoluten Nullen* machen? Die Antwort lautet: Das ist nicht möglich, weil Menschen falsch handeln, das ist ihre Natur. Auch Gewaltherrscher handeln nicht *nur* falsch und böse. Ein Teufel würde *nur und immer* böse handeln, und er wäre dazu verdammt, in alle Ewigkeit so zu handeln, das wäre seine teuflische Natur. Aber Menschen sind keine Teufel, sondern nur fehlerhafte Wesen. Also warum sollten wir Gewaltherrscher *als Person* für ihre falschen *Handlungen* verdammen?

K.: Das habe ich noch nicht so gesehen.

T.: Wir verurteilen besser Menschen nicht *als Personen* für ihre falschen *Handlungen.* Auch Sie verurteilen sich als Person, anstatt sich zu sagen: „*Ich bin nicht das, was ich tue.* Meine Handlungen können falsch sein, Eigenschaften können negativ sein, aber nicht ich als ganze Person!"

Dies ist ein schwieriges, aber zentrales Konzept der Philosophie der RET:

> Wir können unsere Handlungen,
> unsere Eigenschaften bewerten,
> aber niemals die Person als Ganzes,
> die solche negativen Handlungen begeht
> bzw. solche negativen Züge besitzt.

Das führt nur zu Minderwertigkeitsgefühlen und Depressionen, es ändert aber häufig an unserem Verhalten nichts. Es ist also wichtig, diese selbstschädigende Idee so oft wie möglich mit aller Kraft in Frage zu stellen, indem Sie eine Rationale Selbstanalyse (RSA) verfertigen oder auf DSI (Disputieren selbstschädigender Ideen) zurückgreifen.

T.: Warum beginnen Sie nicht damit, anderen Müttern oder Bekannten von Ihrem Gedanken zu erzählen und von Ihren Befürchtungen, dies sei ein Symptom fürs Verrücktwerden?

K.: Das könnte ich nicht!

T.: Mit welchen Gedanken halten Sie sich davon ab?

K.: Daß die anderen mich nicht mehr mögen wegen dieser dummen Vorstellungen, daß sie mich ablehnen.

T.: Nun, nehmen Sie an, Sie erzählen und erfahren Ablehnung.

K.: Das könnte ich nicht!

T.: Unsinn! Natürlich könnten Sie! Was Sie meinen, ist, es würde Ihnen zu schwerfallen, oder?

K.: Ja.

T.: Und wieso können Sie etwas Schwieriges nicht tun? Warum können Sie sich nicht zwingen, egal, wie schwer es fällt? Sie hätten eine Menge therapeutischen Nutzen davon.

K.: Es ist halt leichter, sich nicht zu zwingen.

T.: Das ist nicht ganz richtig. *Im Moment* finden Sie es leichter, alles für sich zu behalten. Aber Sie werden dann wahrscheinlich weiter zu sich sagen: „Niemand *darf* etwas erfahren von dieser Sache. Wie *schrecklich*, wenn jemand etwas merkt und mich dann ablehnt. Ich kann Ablehnung *nicht ertragen*, weil damit bewiesen wäre, was für eine *Niete* ich doch bin!" So bleiben Sie deprimiert und ängstlich, oder?

84

K.: Ja, ich glaube schon.

T.: Also was ist dann wirklich leichter? Sich selbst dazu zu zwingen, sich unangenehmen Situationen auszusetzen und sich *kurzzeitig* unwohl zu fühlen? Oder den *Rest Ihres Lebens* immer wieder unter Depressionen und Minderwertigkeitsgefühlen zu leiden?

K.: Ja, so gesehen wäre es leichter, sich nur einige Zeitlang unwohl zu fühlen.

T.: *Wäre* es leichter oder *ist* es leichter?

K.: Ja, Sie haben recht, ich muß zustimmen.

T.: Sie tun etwas, was für viele Menschen gilt, es ist sehr menschlich: Sie suchen sich den *scheinbar* leichten Weg, um momentanes Unwohlsein zu vermeiden auf Kosten größerer Schwierigkeiten in der Zukunft. Aber Sie können den anderen Weg wählen: sich zu augenblicklichen Unanehmlichkeiten zwingen und damit die größeren Unannehmlichkeiten aus der Welt schaffen!

Dies ist ein Hauptkonzept für die Bewältigung der sogenannten niedrigen Frustrationstoleranz. Es ist verwandt mit dem alten Sprichwort: Ohne Fleiß kein Preis! Die Klientin kann erkennen, daß sogenannter Kurzzeithedonismus (Hedonismus = die Suche nach Wohlbefinden) im Augenblick angenehm ist, aber zu größerem Unbehagen in der Zukunft führt. Die Lösung besteht in der Umwandlung des Kurzzeithedonismus in den Langzeithedonismus. Letztere Einstellung beinhaltet momentanes Unwohlsein zu Gunsten späteren Wohlbefindens. Es ist sicher hart für die Klientin, ihre gehüteten Gedanken preiszugeben und vielleicht negative Reaktionen ihrer Umwelt zu erfahren, aber es ist sehr wahrscheinlich viel härter für sie – auf lange Sicht – es nicht zu tun.

Die grundlegenden selbstschädigenden Gedanken, die zu geringer Frustrationstoleranz führen und damit Langzeithedonismus verhindern, sind:

„O wie *schrecklich*, wenn ich mich jetzt unwohl fühle! Das ist *zu hart* für mich! Ich armes Geschöpf kann das *nicht aushalten*! Es *sollte* leichter sein, meine Ziele zu erreichen! Frustrationen *dürfen nicht* sein! Wer etwas Unangenehmes von mir verlangt, ist böse! Schwierige Situationen verdiene ich nicht, ich habe ein *Anrecht* auf ein leichtes Leben!"

All diese Ideen entbehren der Verankerung in der Wirklichkeit, und deshalb ist es wichtig, sie immer wieder mit aller Energie anzuzweifeln (vor allem, wenn Sie unter Depressionen und Minderwertigkeitsgefühlen leiden). Es ist wichtig, zu lernen, daß und wie Sie mit kurzzeitigem Unbehagen fertig werden können. Arbeiten Sie täglich daran: in Gedanken und mit aktivem Handeln!

5. Schuldgefühle überwinden – Mitgefühl entwickeln

Falsche Schuldgefühle sind äußerst weit verbreitet und führen bei vielen Menschen dazu, daß sie über lange Zeit oder sogar ihr ganzes Leben in unglücklichen Situationen (Arbeitsstellen etc.) verbleiben, *obwohl sie die Wahl* hätten, glücklichere Umstände herbeizuführen.

Der Klient im folgenden Beispiel ist ein 45jähriger Geschäftsmann, der seit Jahren sein Unternehmen zusammen mit einem Freund leitet, der Alkoholiker ist und die Entwicklung des gemeinsamen Unternehmens behindert. Der Klient könnte sich von seinem Freund und Geschäftspartner trennen, ohne geschäftliches Risiko einzugehen, aber massive Schuldgefühle halten ihn von diesem Schritt ab.

T.: Sie schreiben hier (auf dem vom Klienten mitgebrachten „Homework-sheet"): „Ich bringe es nicht fertig, mich von Bernd zu trennen." Warum bringen Sie es nicht fertig? Hält Sie ein besonderer Umstand davon ab?

K.: Ich weiß nicht recht. Es sind irgendwie Schuldgefühle ihm gegenüber. Seit Jahren passieren äußerst schädliche Dinge durch sein Trinken, die uns viel Geld gekostet und viele Schwierigkeiten mit Kunden und sogar den Gerichten eingebracht haben. Ich weiß, es wäre schon lange besser gewesen, mich von ihm zu trennen und den Betrieb allein weiterzuführen. Aber ich bring's nicht fertig. Wir haben den Betrieb zusammen aufgebaut und früher – als er noch nicht getrunken hat – war er ein wirklich guter Mann, und ich habe ihm viel zu verdanken. Irgendwie kann er ja auch nichts für seine Trinkerei. Wenn ich mich jetzt von ihm trennen würde, wäre er sicherlich ziemlich erledigt.

T.: Finanziell?

K.: Das nicht. Er könnte ja stiller Teilhaber bleiben. Aber psychisch.

T.: Okay. Aber was *werfen Sie sich vor*, wenn Sie an Trennung denken?

K.: Nun, ich denke, daß man so etwas nicht machen *sollte.*

T.: Daß Sie so etwas nicht machen *sollten?*

K.: Ja.

T.: Aber warum *sollten* Sie sich nicht von Ihrem Partner trennen, wenn Sie nicht mehr mit ihm zusammen arbeiten wollen?

K.: Ich weiß, es ist komisch. Andere hätten den Schritt vermutlich schon längst als notwendig akzeptiert – ich kenne Fälle, wo solche Verbindungen aus viel geringeren Gründen aufgehoben wurden.

T.: So ist es. Also wenn man dann Ihre Situation . . .

K.: Ich weiß. Aber es liegt tiefer bei mir.

T.: Was meinen Sie?

K.: Nun, *ich* würde mir ziemlich *schlecht* vorkommen, wenn ich verantwortlich wäre für seinen Zusammenbruch.

Ohne sich dessen sehr bewußt zu sein, hält der Klient in seinem letzten Satz gleich vier Hypothesen:

1. Nach einer Trennung bricht sein Partner zusammen.
2. Dieser Zusammenbruch sei hauptsächlich durch ihn verursacht.
3. Eine solche Handlungsweise sei verwerflich.
4. Verwerfliches *Handeln* macht einen Menschen zum *schlechten Menschen.*

RET lehrt, die Hypothesenhaftigkeit eigener Aussagen zu erkennen und diese Hypothesen an der Wirklichkeit zu überprüfen und gegebenenfalls abzuändern. Der entscheidende Vorteil der Rational-Emotiven Therapie besteht darin, aus mehreren möglicherweise falschen Hypothesen die *zentralen* selbstschädigenden Ideen rasch erkennen zu können. Deshalb ist RET

– enorm effektiv,
– im Vergleich zu anderen Therapieformen sehr zeit- (und kosten-)sparend.
– eine echte *Tiefen*psychologie, da sie die zentralen Probleme anzielt.

T.: Lassen wir mal die Frage, ob erstens Ihr Partner *wirklich* zusammenbrechen würde und zweitens ob Sie dafür allein verantwortlich wären, vorläufig unbeantwortet. Unterstellen wir drittens, daß Ihr Verhalten, wenn Sie sich trennen würden, wirklich falsch wäre. Aber wie steht es mit Ihrer Annahme, daß Sie ein *schlechter Mensch* wären, wenn Sie *falsch handelten?*

K.: Das ist doch so, oder? Darin unterscheiden sich doch die Menschen, daß sie falsch oder richtig, gut oder böse handeln.

T.: Das mag wohl sein, aber diese Aussage führt zu gar nichts. Wie oft – Ihrer Meinung nach – handeln Menschen im Laufe ihres Lebens falsch? Zweimal? Einhundertmal? Oder noch öfter?

K.: Nun, sicher viel öfter.

T.: Richtig. Sie handeln unzählige Male falsch, aber auch unzählige Male richtig. Nehmen Sie an: Herr Müller handelte 10 428 mal falsch in seinem Leben und 11 717 mal richtig. Herr Meier handelte 9780 mal falsch und 9550 mal richtig. Der eine ist dann der *gute Mensch*, der andere der *schlechte?*

K.: Na ja, das kommt wohl aufs Gleiche heraus.

T.: Wissen Sie, wie *Ihre* Zahlen für *Ihr* Leben lauten werden?

K.: Nein.

T.: Wie können Sie dann jetzt schon bei *einer* falschen Handlung sich als *schlechten Menschen* sehen?

K.: Ich sehe. Das geht wohl nicht.

T.: Es ist purer Unsinn! Wir Menschen sind keine Engel, wir handeln falsch und richtig, häufig je nach Ansicht sowohl falsch als auch richtig, aber wir sind deshalb niemals gute oder böse Menschen.

K.: Ich könnte vielleicht noch jemanden in die Firma mit aufnehmen und dann gemeinsam . . .

T.: Sie wollen jetzt ausweichen. Das ist falsch. Wenn Sie das Modell der RET anwenden, so brauchen Sie keine fragwürdigen Umwege, um sich zu ändern. Nehmen Sie an, Sie seien der Ansicht, schwarze Katzen brächten Unglück und Sie lebten in einem Haus mit vielen schwarzen Katzen. Daß schwarze Katzen Unglück bringen, ist Unsinn. Stimmen Sie mir da zu?

K.: Voll und ganz.

T.: Okay. Sie könnten nun zwei Wege beschreiten, um dieses Problem loszuwerden. Was meinen Sie?

K.: Um nicht mehr an diesen Unsinn zu glauben?

T.: Ja, daß schwarze Katzen Unglück bringen und Sie daher ein großes Problem hätten.

K.: Ich weiß nicht . . .

T.: Sie könnten erstens umziehen . . .

K.: Ach ja, ich verstehe . . .

T.: Sie sehen, das wäre Quatsch. Eine unsinnige Handlung! Damit änderten Sie an Ihrer Idee gar nichts, Sie würden sie im Gegenteil unangetastet lassen. Richtig ist der zweite Weg: Sie attackieren immer wieder Ihre Idee: „Wie zum Teufel können schwarze Katzen mir wirklich schaden, nur weil sie schwarz sind?"

K.: Ja, ich sehe es jetzt. Ich stelle mich besser der Herausforderung und versuche, meine selbstschädigenden Ideen zu ändern, um meine falschen Schuldgefühle möglichst bald zu überwinden.

In dem Schwarze-Katzen-Beispiel stellt ein Umzug in ein Haus ohne schwarze Katzen für den abergläubisch Leidenden eine Problemlösung durch Veränderung des Aktivierenden Ereignisses dar (= das Haus mit schwarzen Katzen ist das A). Am Aberglauben (= iB: die selbstschädigende, irrationale Einstellung) würde sich nichts ändern. Manchmal können Probleme zwar auch so gelöst werden. Was aber, wenn sich erneut „schwarze Katzen" einfinden? Und was, wenn kein Haus zu finden ist (= das A läßt sich nicht verändern)?

Schuldgefühle sind die hauptsächlichen emotionalen Folgen, wenn wir uns nicht akzeptieren. Andererseits sind falsche Schuldgefühle in unseren modernen Gesellschaften sozial akzeptiert. Viele Leute glauben, es zeuge von Lieblosigkeit, wenn wir uns nicht schuldig fühlen und verstärken die Entwicklung von Schuldgefühlen bereits bei ihren Kindern. In Wirklichkeit werden Schuldgefühle von Erwachsenen und auch schon von Kindern häufig eingesetzt, um sich gegenseitig zu manipulieren. Wer dieser Manipulation nicht entgegentritt, entscheidet sich für die Selbstablehnung.

Eine Alternative zur Entwicklung von Schuldgefühlen besteht darin, die jeweilige Situation genau zu analysieren und zu entscheiden, ob man etwas falsch gemacht hat. Wenn nicht, so gibt es keinen Grund für Schuldgefühle. Wenn doch, so gibt es auch keinen Grund, sich selbst zu verdammen. Sie können statt dessen eventuell angerichteten Schaden oder jemanden angetanes Unrecht wiedergutmachen, ihr Verhalten bedauern, sich aber weiterhin als fehlerhaftes menschliches Wesen akzeptieren. Die emotionale Alternative zu Schuldgefühlen besteht also nicht in gefühlsmäßiger Gleichgültigkeit, sondern in einem Mitgefühl des Bedauerns, das zu entsprechenden Verhaltensänderungen motiviert.

Ein weiterer Weg, sich von Schuldgefühlen zu befreien, besteht in der Erkenntnis, daß wir nicht verantwortlich sind für die Gefühle anderer Personen. Dagegen sind wir verantwortlich für unsere eigenen Gefühle! Wenn Ihr Partner zu Ihnen sagt: „Du hast meine Gefühle verletzt", so können Sie antworten: „Nein, du hast deine Gefühle selbst verletzt. Aber ich kann dir zeigen, wie du hilfreichere Gefühle haben kannst".

Der erste Schritt zur Selbstakzeptierung besteht in der Erkenntnis, daß Sie keine Einheit darstellen, die pauschal als gut oder schlecht bewertet werden kann. Wir sind vielmehr zusammengesetzt aus vielerlei Verhaltensweisen, Persönlichkeitszügen und Charaktermerkmalen. Manche davon sind angenehm, andere unerwünscht und wieder andere neutral. Es ist bedeutungslos, sich als Person insgesamt als gut oder schlecht, als wertlos oder wertvoll einzustufen. Wir sind Personen, die gut und schlecht handeln, die sich richtig und falsch verhalten. Genauso unlogisch ist es, sich als wertlose Person zu verdammen (oder als wertvolle Person zu preisen), wenn wir falsch (oder richtig) gehandelt haben.

Wegweiser zur Überwindung von Schuldgefühlen

Hier ist Ihr Wegweiser, wie Sie Schuldgefühle überwinden können, indem Sie lernen, sich selbst zu akzeptieren und echtes Mitgefühl und soziales Verhalten zu entwikkeln:

1. Hören Sie auf, sich selbst zu verdammen für irgend etwas, was Sie getan (oder nicht getan) haben. Akzeptieren Sie sich dagegen *bedingungslos* mit allen Ihren Zügen, Charaktermerkmalen und Verhaltensweisen.

2. Sich selbst zu akzeptieren bedeutet nicht, alles für gut zu befinden, was Sie tun. Aber anstatt sich zu verdammen, beginnen Sie besser mit Ihrer Selbstveränderung.

3. Akzeptieren Sie das Lob anderer.

4. Betrachten Sie sich als liebenswerte Person und beginnen Sie dann auch, gut zu sich selbst zu sein: Gönnen Sie sich Zeit für interessante Tätigkeiten, tun Sie, was Sie mögen etc.

5. Verwechseln Sie nicht Ihre Person mit dem, wie Sie handeln. Statt zu glauben, Sie seien ein guter Mensch, wenn Sie gut handeln, und ein schlechter Mensch, wenn Sie schlecht handeln, sehen Sie sich als Menschen, der sowohl gut als auch schlecht handelt, aber niemals gut oder schlecht *ist*.

6. Bedenken Sie ganz im Gegensatz zur populären Anschauung, daß Sie zu anderen liebevoll sein können, ohne sich schuldig fühlen zu müssen, wenn es den anderen schlechtgeht.

7. Finden Sie heraus, wie Sie von Ihren Fehlern lernen können, ohne sich wegen Ihrer Fehler zu verurteilen.

8. Seien Sie sich bewußt, daß Menschen oft Schuldgefühle in Kauf nehmen, um Risiken zu vermeiden. Wenn Sie sich also schuldig fühlen, fragen Sie sich, was Sie vermeiden wollen.

9. Hören Sie auf, um die Anerkennung anderer Menschen zu buhlen und Ihre Selbstakzeptierung von der Akzeptierung durch andere abhängig zu machen.

10. Denken Sie daran, daß die Vergangenheit nicht mehr geändert werden kann. Sich zu verurteilen für etwas, was Sie getan oder nicht getan haben, bedeutet daher reine Zeitverschwendung.

11. Wehren Sie sich gegen jede Person, die versucht, bei Ihnen Schuldgefühle zu erwecken. Machen Sie den Betreffenden darauf aufmerksam, daß er Sie manipulieren will.

6. Die „unglückliche" Liebe

Im Bereich von Partnerschaft, Ehe, Liebe und Sexualität begegnen Menschen vielen Aktivierenden Ereignissen (A), die sie häufig zum Anlaß nehmen, sich schwere emotionale Störungen zuzufügen. Die amerikanische Psychologieprofessorin *Dorothy Tennov*[1] spricht in ihrer überaus lesenswerten Untersuchung zum Thema „Liebe und Verliebtsein" sogar die Vermutung aus, daß viele Unglücksfälle unaufgeklärte Selbstmorde oder Selbstmordversuche aus Anlaß „unglücklicher" Liebe seien. Die Dunkelziffer betreffend schwere emotionale Störungen aus diesem Anlaß ist möglicherweise so hoch, weil wir „Unglück" im Zusammenhang mit Liebe häufig gleichsam schicksalhaft betrachten. Das heißt, wir sehen uns eher als Opfer der jeweiligen Situation oder des jeweiligen Partners und führen unsere psychischen Probleme auf diese zurück. Das ist natürlich der irrige A-C-Schluß[2], der übersieht, daß wir am Punkt B mit selbstschädigenden Gedanken über A einen Großteil unserer emotionalen Störungen (C) verursachen. Die zentrale selbstschädigende Idee scheint hier mit der Selbstwertfrage zusammenzuhängen: wie sehr kann ich mich selbst akzeptieren.

Der „neurotisch" liebende Mensch *wünscht* sich nicht nur eine Liebesbeziehung, sondern er *fordert* oft in absolutistischer Weise,

1. daß er einen ungewöhnlich attraktiven Partner findet,
2. daß er in der Lage ist, diese Person sehr zu beeindrucken,
3. daß ihn diese Person total, hingebungsvoll und ewig liebt,
4. daß er selbst diese Person nahezu ständig und intensiv liebt.

Eine Reihe weiterer, daraus abgeleiteter Forderungen können hinzukommen:

– z. B. daß die geliebte Person unabhängig (das heißt z. B. nicht bereits verheiratet) ist

---

1 Vgl. *Tennov, D.* 1981. Limerenz – über Liebe und Verliebtsein.
2 Vgl. das Kapitel über das A-B-C des zufriedenen Lebens.

- genügend Zeit mit ihm oder ihr verbringt
- ähnliche Meinungen und Wertvorstellungen vertritt
- eine ähnliche Lebensführung anstrebt
- die gleichen sexuellen Bedürfnisse hat etc.

Nochmals: wäre dieser „Forderungskatalog" nur ein „Wunschkatalog" – die Sache wäre in Ordnung. Glaubt jedoch jemand, daß er all diese Ziele erreichen *müßte* oder *sollte*, dann ist diese Idee der Kern emotionaler Störung. Zur Illustration hier ein Therapieausschnitt mit einer intelligenten Frau, die eine lange Kette von „unglücklichen" Liebesbeziehungen hinter sich hat. Sie war überzeugt, keine befriedigende Beziehung mehr eingehen zu können und daher sehr deprimiert, ängstlich und feindselig.

K.: Ich sage Ihnen, ich habe immer Probleme bei längerdauernden Beziehungen gehabt. Deshalb glaube ich, daß ich gar keine befriedigende Partnerschaft mehr aufbauen kann. Das macht mich völlig depressiv.

T.: Langsam! Sie haben gerade einen magischen Sprung gemacht – von einer äußeren Situation zu einem inneren Gefühl. Soweit wir aber wissen, gibt es keine Magie im Universum, und deshalb ist Ihre Annahme nicht gültig.

K.: Wie meinen Sie das?

T.: Nun, Sie sagen, daß ein Aktivierendes Ereignis am Punkt A – die Tatsache, daß Sie Probleme bei Ihren längerdauernden Beziehungen hatten und nun glauben, daß Sie vielleicht keine entsprechende Partnerschaft mehr aufbauen können –, daß also dies die Ursache für ein Gefühl in Ihrem Körper sei – also eine emotionale Konsequenz am Punkt C hervorrufe. Wie soll das gehen? Wie soll überhaupt irgendein Aktivierendes Ereignis, das Ihnen widerfährt, ein Gefühl in Ihrem Inneren hervorrufen? Dabei lassen wir mal physische Gewalt beiseite.

K.: Sie meinen also, daß A nicht zu C führen kann, daß mich also nichts emotional beunruhigen kann?

T.: Genau. Selbst im Fall physischer Gewalt würden Sie *unmittelbar* nur physischen Schmerz empfinden. Erst dann würden Sie auf diesen Schmerz *emotional* reagieren. Sie sehen, nur Sie selbst können sich emotional beunruhigen. Dies geschieht durch Ihr System von Einstellungen am Punkt B.

K.: Aber was für Einstellungen sind denn das?

T.: Lassen Sie uns nachsehen. Welche vernünftigen und welche selbstschädigenden, irrationalen Gedanken gehen durch Ihren Kopf? Beginnen wir mit den vernünftigen Gedanken.

K.: Mit den vernünftigen Gedanken?

T.: Ja. Was denken Sie rationalerweise über das Aktivierende Ereignis, z. B.: „Bei länger dauernden Beziehungen habe ich große Probleme, und das ist für mich . . .“ Nun, was ist es für Sie?

K.: *Schrecklich!*

T.: Aber das ist Ihr irrationaler Gedanke! Es ist schon erstaunlich, wie viele intelligente Menschen wie Sie ihre irrationalen Gedanken für rationale halten und umgekehrt. Was für einen vernünftigen Gedanken hatten Sie *vor* Ihrem irrationalen Gedanken?

K.: Hm, ich weiß nicht . . .

T.: Nun, was sagt sich wohl so ziemlich jeder Mann bzw. jede Frau in Ihrer Situation: „Ich habe große Probleme bei längeren Beziehungen, und das ist . . .“?

K.: Na ja, nicht schön.

T.: Genau! „Das ist gar nicht schön. Was für ein Pech!“ Würden Sie wirklich *nur so* denken, aber nicht, daß Sie unfähig für längere Beziehungen seien, wie würden Sie sich dann fühlen?

K.: Wahrscheinlich ziemlich traurig und enttäuscht.

T.: So ist es. Sie würden sich unglücklich, unbehaglich, traurig oder frustriert fühlen. Es *ist* ja auch *wirklich* sehr unerfreulich, wenn Sie solche Probleme haben. Ihre Frustration ist doch sehr angemessen. Nun fühlen Sie aber noch viel mehr. Sie sind deprimiert, verzweifelt . . .

K.: Genau.

T.: . . . also mit welchem irrationalen Gedanken erzeugen Sie dieses unangemessene Gefühl?

K.: Warum nennen Sie das unangemessen?

T.: Solange Sie frustriert oder traurig sind über Ihre Beziehungsprobleme, kann Sie das motivieren, etwas gegen diese

Problematik zu tun, an sich zu arbeiten, um sich beziehungs-
fähiger zu machen. Aber eine depressive Verstimmung führt
eher zu Passivität und Rückzug, zur Selbstisolation . . .

K.: Ja, das beobachte ich bei mir . . .

T.: . . . deshalb ist die Depression selbstschädigend, also
unangemessen. Suchen Sie weiter nach Ihrem irrationalen
Gedanken.

K.: Nun . . . ich denke wohl, daß ich *niemals* zu einer dauer-
haften Beziehung fähig sein werde.

T.: Richtig. Und das ist eine irrationale, weil unbeweisbare
Annahme. Beweisbar ist allenfalls, daß Sie keine guten Beziehungen *hatten* und daß Sie vielleicht schlechte Chancen
für die Zukunft haben. Aber wie soll bewiesen werden, daß
Sie *auf keinen Fall mehr* eine dauerhafte Beziehung aufbauen könnten?

K.: Hm, ich glaube, Sie haben recht.

T.: Aber Sie haben vorhin einen anderen irrationalen Gedanken spontan geäußert, der noch viel wichtiger ist. Erinnern
Sie sich?

K.: „Wie schrecklich, wenn es so läuft!"

T.: Das meine ich. Und das ist der Hauptgedanke, der selbstschädigend ist: die *Katastrophe*, die Sie da konstruieren. Sie
können nämlich durchaus rational feststellen, daß Sie keine
guten Beziehungen hatten und vielleicht auch in Zukunft
keine haben werden. Aber nicht, daß dies eine *Katastrophe*
sei! Zu glauben, etwas, was Sie tun (oder auch nicht tun), sei
entsetzlich, ist höchst irrational. Wissen Sie warum?

K.: Nein. Mir scheint es wirklich *furchtbar*! Vor allem der
Gedanke, ich würde nie einen Mann finden!

T.: Aber alles, was Sie als *furchtbar ansehen*, wird Sie sich
furchtbar *fühlen* lassen! So kommen Gefühle zustande: Was
wir sehr fest glauben oder denken, führt zu einem entsprechenden Gefühl. Das aber beweist nichts anderes, als daß Sie
ein Gefühl haben. Wieso jedoch *ist* es *furchtbar*, wenn Sie
nie einen Mann finden?

K.: Ich weiß nicht.

T.: Ganz recht! Man kann es nicht wissen! Denn es ist eine
magische unbeweisbare Hypothese! Wenn Sie zu sich sagen:

97

„Es ist *entsetzlich* oder *fürchterlich,* wenn ich keinen Mann finde", so sagen Sie damit: Erstens: „Es ist nicht schön für mich." Das haben wir ja schon festgestellt! Und zweitens: „Es ist *mehr als* 100% unschön oder schlecht für mich!" Aber wie ist das möglich? Kann *irgend etwas,* das mir passiert, *mehr als* 100% unschön oder schlecht für mich sein?

K.: Nun, ich glaube nicht.

T.: Und es steckt noch mehr dahinter: Wenn Sie ein Ereignis *entsetzlich* nennen, so meinen Sie damit

1. „Es ist nicht wünschenswert" und

2. „Weil es nicht wünschenswert ist, *sollte* es nicht existieren!"

Gibt es aber im Universum etwas, das – nur weil es für Sie nicht wünschenswert ist – nicht sein *dürfte* oder *sollte?*

K.: Kaum, wenn es schon mal existiert.

T.: Jetzt sehen Sie es. Was ist, *ist!* Egal also auch wie unerfreulich eine Zeit ohne Beziehung für Sie ist, wenn es passiert, so passiert es. Dann ist es Unsinn, zu fordern, daß es nicht passieren *sollte.*

K.: Und Sie meinen, wenn ich mein Katastrophendenken aufgebe und die Wirklichkeit akzeptiere – daß ich dann emotional nicht so belastet wäre, wenn mich Männer zurückweisen oder ich auf lange Zeit keine gute Beziehung mehr hätte?

T.: Ja, aber es wäre unrealistisch, anzunehmen, daß Sie *überhaupt* nicht mehr emotional belastet wären. Sie werden sich immer noch ziemlich traurig, enttäuscht und unglücklich fühlen. Aber Sie werden sich nicht mehr depressiv machen. Sie werden aus Ihrer Frustration heraus eher motiviert sein, den unerfreulichen Zustand zu überwinden.

7. Sexualität: Mit Verstand lieben

Auf den ersten Blick erscheint die in der Kapitelüberschrift ausgesprochene Empfehlung vielleicht manchem Leser merkwürdig. Ist Sexualität nicht vom Verstand unabhängig? Hat nicht *Sigmund Freud* die menschliche Psyche in drei voneinander unabhängige, ja widerstreitende Instanzen eingeteilt: das Es, das Ich und das Über-Ich, wobei das Es die menschliche Triebsphäre, also auch den Sexualtrieb, und das Ich die Vernunft repräsentiert?[1] Und scheint nicht Sexualität zur Welt der Gefühle zu gehören, die vom Verstand (leider – wie manche seufzen, Gott sei Dank – wie andere meinen) unbeeinflußt bleibt? Schon *Alfred Adler*, dieser zu Unrecht so oft nur als *Schüler* Freuds bezeichnete große Tiefenpsychologe, der doch in Wirklichkeit einen eigenständigen tiefenpsychologischen Ansatz entwickelte, wandte sich gegen die oben skizzierte Freudsche Aufspaltung der menschlichen Psyche in drei Bereiche und zog eine ganzheitliche Betrachtungsweise vor[2]. Die Erkenntnisse der modernen Psychologie und Sexualforschung weisen in die gleiche Richtung. Wie Sie im Fortgang dieses Buches bereits gesehen haben, ist die Trennung von Gefühl und Verstand eine vollkommen künstliche und der Realität nicht entsprechende Beschreibung. Kein Mensch fühlt, ohne zu denken, wie wir auch häufig fühlen, wenn wir denken. In Wirklichkeit *fühlen wir wie wir denken,* und unsere Gefühle beeinflussen wiederum unser Handeln und Denken.
Was beinhaltet Sexualität?
Zunächst einmal

1. eine Vielzahl von sexuellen Verhaltensweisen, oft, aber nicht immer begleitet von starken Emotionen.
2. Dann eine spezifische Form physiologischer Erregung: der sexuellen Erregung.

1 Vgl. hierzu Pongratz, Ludwig J. 1983. Hauptströmungen der Tiefenpsychologie.
2 Adler, Alfred. 1975. Menschenkenntnis.

Und schließlich

3. eine Unzahl möglicher kognitiver Inhalte, d. h. von Gedanken mit sexuellem Inhalt.

Probleme im Zusammenhang mit Sexualität können den oben genannten drei Bereichen zugeordnet werden. Manche Menschen z. B. zeigen sexuelle Verhaltensweisen, die von anderen oder von ihnen selbst verurteilt werden. Immer noch wagen viele homosexuelle Menschen nicht, sich offen zu ihrer Sexualität zu bekennen. Andere sexuelle Verhaltensweisen sind noch stärker tabuisiert und werden von den „Betroffenen" dementsprechend „geheimgehalten". In der Regel verhindern solche Probleme – solange ungelöst – eine relativ glückliche Lebensführung.

Ein anderes Problem im Zusammenhang mit Sexualität betrifft (scheinbare) mangelnde sexuelle Erregung oder Funktionsstörungen im physiologisch gesteuerten Ablauf von Sexualität. Gemeint sind Probleme wie Impotenz oder Frigidität.

Es ist gesicherte Erkenntnis der Sexualpsychologie, daß nur ein geringer Prozentsatz sexueller Funktionsstörungen primär physiologisch bedingt ist. In der weitaus überwiegenden Zahl der Fälle kann mangelnde sexuelle Erregung auf buchstäblich asexuelle Gedanken zurückgeführt werden. Es gilt daher der Satz:

> Denken und sexuelle Erlebnisfähigkeit
> sind eng verbunden

In der Regel sind *Angst-* und/oder *Schuldgefühle* für mangelnde sexuelle Erregung verantwortlich. Diese Angst- und/oder Schuldgefühle aber resultieren aus *absolutistischen Forderungen* (an sich oder den Partner) und *abwertenden Gedanken* (Selbstabwertung und/oder Abwertung des Partners).

Der folgende Fall zeigt, wie man mit Hilfe der RET seine selbstschädigenden Ideen, die zu sexuellen Problemen führen, überwinden kann. Es handelt sich um einen 24 Jahre alten Mann, der wegen „Erektionsstörungen" meine Praxis aufsuchte[3].

T.: Wann tritt das Problem auf?
K.: Praktisch immer, wenn ich mit einer Frau zusammen bin – seit zwei Jahren.
T.: Mit Ihrer Freundin?
K.: Ja, die ich seit einem Jahr kenne. Aber es war auch davor mit einigen Bekanntschaften so.
T.: Ich verstehe. Können Sie denn sonst eine Erektion haben?
K.: Ja, wenn ich onaniere ist das kein Problem.

Diese Situation ist sehr verbreitet bei Männern mit sogenannten Erektionsstörungen. Sie haben überhaupt keine Probleme, eine Erektion zu bekommen, wenn sie „alleine" sind – sei es bei der Selbstbefriedigung oder morgens beim Aufwachen etc.

T.: Nur wenn Sie Sex mit einem Partner haben wollen – mit Ihrer Freundin.
K.: Genau. *Das macht* mich ja so *fertig*. Vor allem jetzt mit meiner Freundin – denn das ist eine Beziehung, an der mir schon recht viel liegt.
T.: Sind Sie recht niedergeschlagen jetzt?
K.: Ganz fertig, ja.

Wie so oft hat auch dieser Klient zwei Probleme. Problem Nr. 1 ist die Schwierigkeit mit seiner Erektionsfähigkeit und Problem Nr. 2 die Angst vor den Konsequenzen (z. B. daß ihn seine Freundin verläßt) oder die Depression aus Anlaß der Erektionsprobleme. Das Problem Nr. 2 wird allerdings häufig nur sehr unklar gesehen, da die Klienten ihr Erektionsproblem als *Ursache* für ihre Sorgen und Depressionen

---

3 Über Orgasmusprobleme bei Frauen und damit verbundene irrationale Einstellungen vgl. ausführlich das Kapitel „Orgas-muß?" in meinem Buch „Gefühle erkennen und positiv beeinflussen".

sehen (Aktivierendes Ereignis führt unmittelbar zu emotionalen Konsequenzen: der falsche A-C-Schluß).

Verständlicherweise sind sie natürlich vor allem daran interessiert, daß ihnen der Therapeut einen Weg zeigt, wie sie ihre „Potenz" wieder erlangen können. Damit – so glauben sie – würde sich das *gesamte* Problem von selbst erledigen.

Sehen wir uns zum besseren Verständnis die Struktur des Problems an:

---

1. ABC

A   Situation:
    Sexueller Partnerkontakt

B   irrationale Annahmen

C   Angst und
    Erektionsschwierigkeiten

2. ABC
(Problem über das
Problem)

A   wird zu neuem

B   irrationale
    Annahmen

C   Depression,
    neue Ängste

Wir erkennen, daß die emotionalen und behavioralen (= verhaltensbezogenen) Konsequenzen (= C des 1. ABC) zum A (= Aktivierenden Ereignis) des 2. ABC werden.

Wenn der Klient nun einfach seine Erektionsschwierigkeiten los werden will, so versucht er eine Änderung des A (= Aktivierendes Ereignis aus dem 2. ABC) zu erreichen. Eine sol-

che Lösungsstrategie wird von Rational-Emotiven Therapeuten gelegentlich als „unelegante" Lösung bezeichnet. Wir
können darüber hinausgehend sogar von einer ineffektiven
Lösung sprechen: Solange der Klient nämlich sein Metaproblem (= das 2. ABC, das Problem über das Problem) nicht
bearbeitet, besteht wenig Aussicht auf Lösung des Ausgangs-
problems (= 1. ABC, die Erektionsschwierigkeiten).

Das 2. ABC blockiert die Lösung des 1. ABC

Dies ist eine wesentliche Erkenntnis der Rational-Emotiven
Therapie.
Der Klient gibt besser seine ineffektive Lösungsstrategie auf,
die lautet:
„Mein Penis muß immer erigieren, wenn ich das will (egal,
ob ich Ängste und Depressionen habe)!"
Damit ist das *Ziel* der („eleganten") Sextherapie neu zu fas-
sen:
Reduzierung der *emotionalen Störung* des Klienten. Natür-
lich haben viele Klienten zunächst Einwände, so auch der
Klient im vorliegenden Fall:

K.: Ja, aber es ist doch ganz normal, daß ich so depressiv und
ängstlich reagiere. Das kommt doch nur, weil ich keine
Erektion bekommen kann.
T.: Ja und nein. Richtig ist: Wenn Sie nie Erektionsprobleme
bekommen hätten, so hätten Sie keine Depression (jedenfalls
über diese Sache) und keine neuen, verstärkten Ängste entwickelt. Falsch ist aber, daß Sie glauben, Sie *müßten* sich depressiv und ängstlich fühlen, wenn Sie Erektionsschwierigkeiten haben. In Wirklichkeit *müssen* Sie sich nicht depressiv
fühlen, selbst wenn Sie *nie wieder* eine Erektion haben würden (was ja bei Ihnen nicht zutrifft, wie wir wissen).
K.: Was wollen Sie mir da einreden? Ich komme doch zu Ihnen, damit Sie mir helfen, daß ich wieder mit meiner Freundin Sex haben kann . . .
T.: Sie meinen, Sex im Sinne von Einführen Ihres Penis . . .

K.: Ja.

T.: Ich verstehe Sie schon. Aber ich will Ihnen erklären, daß ich Ihnen aus gutem Grund ein etwas anderes Therapieziel vorschlage . . .

K.: . . . nicht das Ziel, daß mein Penis wieder „funktioniert"?

T.: Nein, nicht in erster Linie! Ich möchte Ihnen einen Weg zeigen, wie Sie einigermaßen zufrieden leben können, egal ob Sie mit Ihrer Freundin auf diese Weise Sex machen können oder nicht – wegen Ihrer Erektionsschwierigkeiten.

K.: Aber wenn ich keine Erektionsschwierigkeiten hätte, würde ich ja zufrieden leben.

T.: Und wenn sich Ihre Schwierigkeiten nie bessern würden?

K.: Dann könnte ich jedenfalls niemals zufrieden leben!

T.: Nehmen wir mal an: Ein anderer Klient kommt zu mir, weil er aus organischen Gründen, aufgrund einer Krankheit oder eines Unfalls zum Beispiel, keine Erektionen mehr haben könnte. Sind Sie der Meinung, dieser Klient sei dazu verdammt, ein unglückliches Leben zu führen, so daß er eigentlich bei mir gar keine Hilfestellung erhalten könnte in dem Sinne, daß wir einen Weg suchen können, wie der Betreffende trotz seiner Erektionsunfähigkeit noch ein relativ zufriedenes Leben führen könnte?

K.: Nun, natürlich – in so einem Fall müßte sich der Betreffende damit abfinden und sein Handikap irgendwie akzeptieren, sonst wäre er sicherlich ewig depressiv. Aber so ist das doch bei mir gar nicht. Ich habe keine körperliche Erkrankung. Ich bekomme ja auch Erektionen – außer beim Sex mit meiner Freundin. *Das* macht mich doch so fertig!

T.: Ja, bei Ihnen haben wir ein *psychologisches* Problem. In unserem Beispiel hatten wir eine *organische* Ursache. Aber im Endresultat kann keiner von Ihnen beiden eine Erektion haben, oder?

K.: Ja, ja, schon . . .

T.: Und wenn nun die psychologischen Gründe für Ihr Erektionsproblem dazu führen würden, daß Sie keine Besserung erwarten könnten, wären Sie dann nicht in der gleichen Situation wie unser organisch Kranker? Wäre es dann nicht besser, daß auch Sie Ihr „Handikap" akzeptierten und nach

Wegen suchten, wie Sie dennoch relativ zufrieden leben könnten?

K.: Wahrscheinlich.

Auch wenn der Klient an diesem Punkt verhältnismäßig schnell zustimmt, zeigt meine therapeutische Praxis, daß Klient und Therapeut in diesen Fällen in der Regel noch ein hartes Stück Arbeit zu leisten haben.

Das zentrale Ziel dieser Arbeit besteht darin, die Idee abzulegen, daß es *unmöglich* sei, ein relativ zufriedenes Leben zu führen, solange die sexuelle Störung existiert, und daß daher

– die sexuelle Störung eine *Katastrophe* sei, d. h. das Schlimmste (und noch ein *magisches* Stückchen mehr als schlimm), was einem geschehen könne,

– die Störung völlig *unerträglich* sei

– und daher eine sofortige Beseitigung der Störung erfolgen *müsse*.

8. Wie Sie mit Partnerproblemen umgehen

Es ist eine häufig anzutreffende Ansicht, daß Partnerprobleme weniger auf psychische bzw. emotionale Probleme der *einzelnen Partner*, als vielmehr auf eine Beziehungsstörung zurückzuführen seien. Wir treffen auf diese Meinung z. B. im Alltag, wenn die offensichtlichen Streitereien eines Ehepaares von der Umgebung als Ausdruck „mangelnder Zuneigung oder vielleicht sexueller Schwierigkeiten" gedeutet werden. Aber auch die moderne Kommunikationspsychologie und Familientherapie betont oftmals die Probleme des *Systems* (in unserem Falle also des Paares) mehr als die Probleme der Partner. Demzufolge ist es für viele Therapeuten geradezu ein „therapeutisches Muß", die Behandlung der Partnerprobleme in Anwesenheit *beider* Partner durchzuführen. Der Therapeut kann auf diese Weise den Umgang der Partner miteinander – ihre Kommunikation – beobachten und eventuelle Kommunikationsstörungen bewußt machen. Dies ist ein durchaus bemerkenswerter Behandlungsansatz, der auch von RET-Therapeuten zu gegebener Zeit teilweise verfolgt wird.

Allerdings übersieht diese Sichtweise, daß Partnerprobleme sehr häufig in starken emotionalen Problemen eines der beiden Partner oder auch beider Partner angelegt sind, und zwar unabhängig voneinander. Mit anderen Worten: Obwohl das Paar sich liebt und sexuell harmoniert, wird die Beziehung durch psychische Probleme der Partner gefährdet, die diese in der Regel schon in die Beziehung mit eingebracht haben, die also sozusagen weitgehend unabhängig von der Beziehung existieren. Aus diesem Grunde arbeitet der RET-Therapeut in vielen Fällen so, daß er die Probleme des einzelnen Partners mit diesem angeht, wobei der andere Partner jeweils nur die Zuschauerrolle hat und umgekehrt bzw. zunächst manchmal auch nicht in Behandlung ist.

Die folgenden Therapieausschnitte illustrieren diese Vorgehensweise. Sie stammen von einem kinderlosen Ehepaar in den Dreißigern. Beide Partner sind berufstätig und leben in guten finanziellen Verhältnissen. Sie sind seit über 15 Jahren miteinander verheiratet.

T.: Und Sie ärgern sich oft?

K.: (Der Klient ist hier der Ehemann) Ja, ich bin ziemlich oft wütend auf meine Frau.

T.: Wann zum letzten Mal?

K.: Am Sonntag, also gestern.

T.: Was hat Ihre Frau denn am Punkt A, dem Auslösenden Ereignis, getan? Was tat sie, bevor Sie sich ärgerten?

K.: Sie hat sich wieder geweigert, mit spazieren zu gehen, ich meine, wir hatten vor, mit einem befreundeten Paar am Nachmittag spazieren zu gehen. Aber dann wollte sie nicht mitgehen. Das passiert dauernd. Wenn es nach ihr ginge, hätten wir keine Bekannten mehr.

T.: Und darüber werden Sie wütend?

K.: Ja, in letzter Zeit immer mehr – ich mach das nicht mehr mit! Ich brauche Kontakte!

T.: Ich verstehe. Sie tut also etwas am Punkt A. Sie bleibt zu Hause.

K.: Ja.

T.: Sie zieht sich zurück von anderen Leuten?

K.: Ja. Genau.

T.: Also wir kennen jetzt A, das Aktivierende Ereignis: das „Sich-Zurückziehen", das „Nicht-Mitmachen" Ihrer Frau. Und wir kennen C, Ihre emotionale Konsequenz: Sie waren wütend. Was haben Sie dann getan?

K.: Ja, ich hab ihr Vorwürfe gemacht, sie beschimpft – dann hat sie angefangen zu weinen, dann war mir der ganze Sonntag vermiest. Oft sprechen wir dann zwei, drei Tage kaum miteinander. Wirklich beschissen!

T.: Okay. Was ist Ihnen denn am Punkt B, Ihrem Einstellungssystem, durch den Kopf gegangen, um so ärgerlich zu werden? Was sagten Sie zu sich darüber, daß Ihre Frau nicht mitgehen wollte, um sich so wütend zu machen?

K.: Nun, ich sagte mir: „Das Leben mit dieser Frau bringt mir nichts. Ich möchte kein Einsiedlerleben führen . . . Ich hab ein Recht auf mehr!" So ungefähr, wissen Sie.

T.: Also sehen wir uns das genau an: Der erste Teil Ihres Selbstgespräches führt nicht zu Ärger („Das Leben mit dieser Frau bringt mir nichts. Ich möchte kein Einsiedlerleben führen.") Das ist nur eine Beschreibung eines Zustandes, den Sie nicht mögen. Lassen wir jetzt mal außer Betracht, ob Ihre Beschreibung so ganz richtig ist. Ihre Frau könnte mir eine andere Beschreibung geben . . .

K.: . . . wird sie bestimmt.

T.: Ja. Nehmen wir aber ruhig an, Sie haben die Wirklichkeit ziemlich genau beschrieben – das allein führt aber nicht automatisch zu Wut und Ärger! Sie haben eine Alternative. Sie könnten sich z. B. sagen: „Wie schade ist das! Ich werde mir eine andere Partnerin suchen, wenn sie sich nicht ändert." Wie würden Sie sich fühlen, wenn Sie *nur das* zu sich sagten?

K.: Wahrscheinlich ziemlich traurig.

T.: Richtig. Nun, ich will damit nicht sagen, daß dies die einzige Lösung Ihres Problems darstellt. Ich will Ihnen nur zeigen, daß ein solches inneres Selbstgespräch nicht zu Wut und Ärger führt. Sehen Sie das?

K.: Ja.

T.: Sie beschreiben nur einen Zustand und fügen eine *rationale Bewertung* an: „Ich *mag nicht* ohne Kontakt zu anderen Menschen sein, ich *mag nicht*, wenn sie sich so zurückzieht." Wie fühlen Sie sich, wenn Sie *nur das* denken?

K.: Ja, ich würde wohl nicht so außer Fassung geraten.

T.: Genau. Und Sie würden sich wahrscheinlich etwas frustriert und traurig fühlen.

Der Ärger des Ehemannes über seine Frau setzt in unserem Beispiel an dem „kontaktscheuen" Verhalten der Ehefrau an. Aber es ist wichtig, zu erkennen, daß Ärger im Prinzip anläßlich jeder Meinungsverschiedenheit entstehen kann. Der RET-Therapeut zeigt dem Klienten, daß zwischen dem, was seine Frau tut (oder nicht tut), und dem, wie der Klient sich fühlt, der wichtige Filter der Einstellungen des Klienten liegt. Einige Einstellungen sind rational, weil sie sich belegen lassen und zu angemessenen Gefühlen führen: Trauer, Enttäuschung, Frustration etc. So wie viele Menschen fügt der

108

Klient seinen rationalen Einstellungen aber auch noch irrationale, Wut erzeugende Ideen hinzu.

T.: Sehen wir uns nun den zweiten Teil Ihres inneren Selbstgespräches an: Neben Ihrer Feststellung, daß das Verhalten Ihrer Frau für Sie unangenehm ist, sprechen Sie davon, daß Sie „ein Recht auf mehr" hätten. Können Sie sehen, inwiefern diese Aussage irrational ist?

K.: Vielleicht weil ich damit sage: „Sie *sollte* sich nicht so zurückziehen. Sie *sollte* sich nicht auf diese Weise verhalten."

T.: Richtig. Sie *fordern*, daß Ihre Frau etwas tut, was Sie mögen. Wenn Sie Ihren Ärger reduzieren wollen, so können Sie zu D übergehen, zur Disputation Ihrer irrationalen Annahmen. Sie könnten sich fragen: „Warum *soll* sich meine Frau nicht auf diese Weise verhalten?"

K.: Warum sie nicht *soll*?

T.: Ja, warum nicht?

K.: Tja, ich meine, sie könnte sich doch etwas zusammennehmen und etwas auf mich Rücksicht nehmen.

T.: Sie könnte vielleicht. Aber hat sie es getan?

K.: Nein, eben nicht. Und dabei tue ich andererseits sehr viel für sie.

T.: Sie halten ihr Verhalten für unfair?

K.: Ja, in meinen Augen sehr unfair.

T.: Und warum *soll* sie sich nicht unfair verhalten? Warum *darf* sie nicht so sein?

K.: Genau genommen gibt es keinen Grund, daß sie nicht so unfair sein sollte. Rein logisch.

T.: „Es gibt rein logisch eigentlich keinen Grund, daß sie nicht unfair sein sollte. Aber das *Miststück sollte verdammt noch mal* fair sein. Ich bin es auch!" So denken Sie doch, oder?

K.: (lachend) Ja, ich nehme doch auch Rücksicht, das kann ich Ihnen sagen!

T.: Und das bedeutet *was* für Sie?

K.: . . . daß sie auch Rücksicht nehmen *muß*, ja.

T.: Sehen Sie das? Sie ziehen in Ihrem Denken einen falschen Schluß: „ *Weil* ich rücksichtsvoll bin, *sollte* sie sich anders ver-

109

halten und mitgehen." Der erste Teil Ihres Gedankens hat nichts mit dem zweiten Teil zu tun. Selbst wenn Sie ein rücksichtsloser Ehemann wären, so könnte man es immer noch als unfair ansehen, wenn Ihre Frau sich so zurückzieht. Andererseits – selbst wenn Sie der rücksichtsvollste und verständigste Ehemann der Welt wären – sie *muß* sich deswegen keineswegs fair zu Ihnen verhalten. Können Sie mir Gründe nennen, warum das Verhalten Ihrer Frau für Sie *unangenehm*, dumm oder unsinnig ist?

K.: Ah ja doch, eine Menge!

T.: Gut. Aber wie folgt aus auch nur einem dieser Gründe, daß Ihre Frau sich anders verhalten *sollte* oder *müßte* als sie es tut?

K.: Ja, ich sehe. Es gibt dafür keinen vernünftigen Grund.

T.: Das klingt noch ziemlich wenig überzeugt und überzeugend. Es gibt wirklich keinen Grund, daß Ihre Frau sich anders verhalten *muß*. Im Gegenteil: In Wirklichkeit *mußte* sie sich so verhalten. Wissen Sie warum?

K.: Sie mußte sich so verhalten? Nein, wieso?

T.: Weil sie sich so verhalten *hat*! Das ist die Art Ihrer Frau. Es muß schneien, wenn es schneit. Oder muß es nicht? Alles was geschehen ist, mußte so geschehen, alle nötigen Bedingungen waren zu diesem Zeitpunkt für dieses Ereignis gegeben.

K.: Nein, sie könnte sich doch anders verhalten . . .

T.: Sie könnte – in Zukunft! Folgt daraus, daß sie *muß*?

K.: Nein . . . ich sehe es jetzt.

T.: Lassen Sie uns das betonen. Sie haben die freie Entscheidung, ob Sie sich in Zukunft über das Verhalten Ihrer Frau in Wut bringen wollen oder nicht. Dazu ist nötig, daß Sie Ihr inneres Selbstgespräch nach Ihren *Forderungen*, Ihren *„Muß-Annahmen"*, *„Sollte-Sätzen"*, *„Darf-Nicht"*-Gedanken durchsuchen und durch rationale Überlegungen ersetzen. *Erst danach* wird es auch sinnvoll sein, praktische Lösungen ausfindig zu machen.

Es geht nicht darum, daß Sie frustrierende Situationen und Zustände einfach nur akzeptieren, sondern, daß Sie lernen,

110

Ihre emotionalen Blockaden (Wut, Ärger und andere unangemessene Gefühlszustände) zu beseitigen oder abzubauen, um in Ihren Bemühungen auf Änderung der jeweiligen schwierigen Situation erfolgreicher sein zu können: Z. B. könnte der Klient Bekannte und Freunde einladen (das ist eine einfache Lösung) oder sich von seiner Frau trennen (das wäre eine schwierige Lösung). Die Partner könnten auch lernen, wie Kompromisse geschlossen werden. Einer der häufigsten Gründe dafür, warum Partner so selten erfolgreiche Kompromisse schließen, besteht in den emotionalen Blockaden der beiden Partner. Der Ehemann sieht nur einen Weg, um seine emotionale Blockade abzubauen. Wie steht es mit der Ehefrau? Hören wir in einen Abschnitt ihrer Therapie hinein:

T.: Ihr Mann beklagt, daß Sie sich oft stark zurückziehen und jeden Kontakt mit Nachbarn und Freunden scheuen, so daß Sie beide sehr isoliert seien.

K.: Ja, ich weiß. Es kommt deswegen zu viel Streitereien zwischen uns. In letzter Zeit haben wir schon an Trennung gedacht.

T.: Möchten Sie sich von Ihrem Mann trennen?

K.: (weint) Nein, auf keinen Fall. Ich denke, daß wir uns ja eigentlich lieben.

T.: Beschreibt Ihr Mann die Situation annähernd richtig? So wie ich es Ihnen gerade wiedergab? Stimmen Sie dem zu?

Die Frage des Therapeuten zielt darauf ab, herauszufinden, ob die Realitätsbeschreibung des Ehemannes annähernd mit derjenigen der Ehefrau übereinstimmt. Dies geschieht nicht zu dem Zweck, damit der Therapeut bei Nichtübereinstimmung die Sichtweise *eines* Partners favorisiert und versuchen kann, den anderen Partner auf diese Realitätsbeschreibung „hinzutrimmen". Rational-emotive Therapeuten sehen es nicht als ihre vornehmliche Aufgabe an, zu entscheiden, ob die Wahrnehmungen und Beschreibungen ihrer Klienten „wahr" oder verzerrt sind. Wenn aber Übereinstimmung in der Wahrnehmung besteht, so ist damit die Frage geklärt, ob ein Partner überhaupt die Bedürfnisse des anderen Partners kennt. Es kann dann zur Klärung der Fragen kommen, ob ein Partner die ihm bekannten Bedürfnisse des anderen Partners erfüllen *kann* und *will*.

K.: Ja, es stimmt schon, daß ich mich sehr zurückziehe.
T.: Was denken Sie über Ihr „Sich-Zurückziehen"?
K.: Ich finde die Leute, z. B. unsere Nachbarn, einfach nicht so toll. Die haben eine Art drauf, daß die einen immer irgendwie hänseln. Mein Mann merkt das nicht oder will es nicht wahrhaben.

Im weiteren Verlauf der Therapie ergab sich, daß der Ehemann diese „Hänseleien" durchaus nicht als ernst und bösartig, sondern als humorvolle Interaktionen verstand. Er fühlte sich keineswegs gehänselt und wollte auch nicht zustimmen, daß seine Frau gehänselt würde. Auch hier war es nicht nötig zu entscheiden, ob die Sichtweise der Frau, daß sie und ihr Mann verspottet und gehänselt würden, richtig sei.
Vielmehr akzeptierte der Therapeut den (vorläufigen) Standpunkt der Frau und arbeitete mit ihr daran, inwiefern diese Hänseleien (am Punkt A = Aktivierendes Ereignis) für sie ein Problem (am Punkt C = emotionale Konsequenz) darstellen. Es ergab sich, daß die Frau unter starken Ängsten vor Ablehnung und unter schweren Minderwertigkeitsgefühlen litt, die ihre Menschenscheu vollständig erklärten. Mit fortschreitender Therapie konnte die Klientin ihre Ängste jedoch zunehmend abbauen und im Umgang mit anderen Menschen risikofreudiger werden. Diesen Veränderungsprozeß konnte der Ehemann dadurch unterstützen, daß er seinerseits lernte, das Verhalten seiner Frau zunächst ohne Wut und Ärger zu tolerieren. Schließlich waren beide Seiten in der Lage, das Problem auf dem Wege des Kompromisses zu bewältigen, d. h. die Außenkontakte des Ehepaares waren geringer, als es den Wünschen des Ehemannes entsprach, aber häufiger, als sie aus dem Bedürfnis der Ehefrau heraus zustande kommen würden. Beide Seiten akzeptierten diesen Modus vivendi und stellten ihre Zuneigung und ihr Zusammenleben nicht mehr grundsätzlich in Frage.

Die rational-emotive Psychologie der Beziehungskonflikte

Beziehungskonflikte erscheinen in der psychotherapeutischen Praxis (und natürlich erst recht in Familien- und Eheberatungsstellen) hauptsächlich als Familien- und Ehekonflikte. Die rational-emotiven Konfliktlösungsstrategien sind aber genauso anwendbar, um Beziehungen zwischen Freunden, Arbeitskollegen, ja auch größeren Gruppen zu analysieren und zu verbessern. Im traditionellen Bereich der Ehe- und Familientherapie beginnen alle Überlegungen mit dem Begriff der Liebe.

Was ist Liebe?

Eine rational-emotive Antwort könnte lauten:
Liebe ist das tiefe Gefühl, das eine Person für jemanden empfindet, von dem sie glaubt, daß der- oder diejenige seine bzw. ihre wesentlichen Bedürfnisse und Wünsche erfüllt.
Aber welches sind diese Wünsche und Bedürfnisse?
Man könnte sie mit *P. Hauck*[1], einem bekannten Rational-Emotiven Therapeuten in den USA, in acht Kategorien unterteilen:

1. *Sex*:
   Wie oft und wie? Besteht Einigkeit darüber?

2. *Finanzielle/wirtschaftliche Aspekte:*
   Einige bevorzugen getrennte Kasse, andere wirtschaften „aus einem Topf". Manche wollen sparsam leben, andere wollen „das Leben genießen".

3. *Kinder:*
   Bestehen grundsätzlich gemeinsame Vorstellungen über die Fragen, ob man Kinder hat und wie diese zu erziehen sind?

---

1 Hauck, P. 1986. Innovations in Marriage Counseling. In: Journal of Rational-Emotive Therapy, Vol. 4. No. 1.

4. *Verwandtschaft:*
Wie stark wollen die Partner ihre Verwandten in das Familienleben einbeziehen? Welche „Einmischungen" der Verwandten sollen zulässig sein?

5. *Arbeit:*
Besteht Übereinstimmung, wieviel Zeit jeder seiner Arbeit widmen kann? Bestehen gemeinsame Vorstellungen über das Maß an erwünschter „Karriere" etc.?

6. *Soziale Kontakte:*
Manche mögen ein reges soziales Leben, andere beschränken sich eher auf Zweisamkeit (vgl. die vorhergehende Fallgeschichte).

7. *Religion:*
Wie sehr sollen religiöse Lebensanschauungen und religiöses Leben in der Familie verbindlich sein und praktiziert werden?

8. *Irritierende Gewohnheiten:*
Zahlreiche irritierende, individualistische, egozentrische, „schlechte" Gewohnheiten können bei engem Zusammenleben problematisch werden.

Ist die Ehe (die Beziehung) harmonisch?

Scheint die Harmonie in der Beziehung einem oder beiden Partnern gefährdet, so können die folgenden Fragen des „Hauck-Kompatibilitäts-Testes"[2] die Analyse voranbringen.

1. *Kennt und versteht* der Partner die Wünsche und Bedürfnisse des anderen?
Würden die Partner also in bezug auf die zuvor genannten acht Bereiche eine gemeinsame Basis vorfinden oder bestünden sehr große Unterschiede?

2. Wenn die erste Frage mit JA beantwortet werden kann, so stellt sich die zweite Frage:

2 A.a.O.

Ist der Partner *fähig*, diese Wünsche und Bedürfnisse zu erfüllen?

Lautet die Antwort hier NEIN, so liegt wahrscheinlich ein ernster Beziehungskonflikt vor. Das Problem kann voraussichtlich nur gelöst werden durch

a) Trennung/Scheidung

b) Erhöhung der Frustrationstoleranz des Partners, dessen Bedürfnisse nicht erfüllt werden

c) Hilfe für den Partner, der die Wünsche und Bedürfnisse des anderen nicht erfüllen kann.

Diese Lösung erfordert, daß die Frage 3 mit JA beantwortet wird und Hilfe überhaupt möglich ist.

3. Die dritte Frage lautet:

Angenommen, der Partner kennt die Wünsche und Bedürfnisse des anderen und ist in der Lage, sie zu erfüllen: *will* er das?

Haupthindernis für eine positive Bantwortung dieser dritten Frage sind in der Regel emotionale Blockaden wie Feindseligkeit und/oder Ängste.

Alle drei Fragen weisen, wenn jeweils mit NEIN beantwortet, auf Möglichkeiten therapeutischer Hilfestellung hin:

Trennung/Scheidung bringt häufig ernste emotionale Belastungen mit sich.

Erhöhung der Frustrationstoleranz ist eine wichtige therapeutische Aufgabe.

Die Bearbeitung von Gefühlen der Feindseligkeit und von Ängsten weist auf bestehende Änderungsmöglichkeiten hin.

Die gestörte Beziehung: Was tun?

Aus dem Vorangehenden wird klar, daß es grundsätzlich nur vier Möglichkeiten gibt, wie sich eine gestörte Beziehung/Ehe entwickeln kann. Es sind dies folgende vier Möglichkeiten:

1. Toleranz ohne feindselige Gefühle

Nehmen wir zur Illustration ein Beispiel aus dem Bereich 8 des Hauck-Kompatibilitäts-Testes: In vielen Beziehungen kann man das Problem beobachten, daß die Partner eine unterschiedliche „Toleranzschwelle" gegenüber „Unordnung und Schmutz" im Haushalt mitbringen. Eine „hohe Toleranzschwelle" eines Partners, der also aus der Sicht des anderen Partners zu wenig auf Ordnung und Sauberkeit achtet, wird daher oft als „irritierende Gewohnheit" zum Problem. Lösung Nr. 1 verlangt vom ersten Partner, daß er gegenüber der irritierenden Gewohnheit des zweiten Partners *Toleranz* übt, *ohne* gleichzeitig Gefühle des Ärgers und der Feindseligkeit zu entwickeln.

2. Protest

Die Proteststrategie kann gewählt werden, wenn jemand die erste Lösung für sich als nicht akzeptabel ansieht. Wir könnten sie auch als die Durchsetzungsstrategie bezeichnen. Hier würde der eine Partner auf die irritierenden Verhaltensweisen des anderen mit negativen Konsequenzen antworten. Wenn also der eine Partner in unserem Beispiel den Essenstisch mit seinen Arbeitsutensilien überhäuft hat und nicht aufräumt, so würde sich der andere Partner weigern, mit ihm zusammen zu essen etc. Die Proteststrategie verlangt unbedingt die Kenntnis einiger Regeln, ohne deren Beachtung schnell eine unerwünschte Eskalation eintritt, die die Beziehung erst recht gefährdet.

Regel 1: Beachtung des sogenannten Verstärkungsprinzips. Wenn der Partner sich in erwünschter Weise verhält, dann belohnen Sie ihn dafür!

Regel 2: Wenn der Partner sich in unerwünschter Weise verhält, so bleiben Sie *für eine gewisse Zeit* freundlich zu ihm. Sprechen Sie mit ihm über das, was „läuft". Weisen Sie ihn darauf hin, daß Sie nicht gewillt sind, das Verhalten „ewig" hinzunehmen.

Regel 3: Wenn das unerwünschte Verhalten andauert, so beginnen Sie, negative Konsequenzen einzusetzen, d. h. Sie verhalten sich ebenfalls unfreundlich und abweisend, *aber ohne dabei ärgerlich zu werden und/oder Schuldgefühle zu bekommen.*

Meine Erfahrung zeigt, daß die Proteststrategie einige Fallen beinhaltet, die vermieden werden können, wenn der protestierende Partner in dieser Zeit auf den regelmäßigen Rat eines RET-Therapeuten oder zumindest eines vertrauenswürdigen Dritten zurückgreifen kann.

3. Trennung/Scheidung

Trennung und Scheidung stellen für sehr viele Menschen ein Aktivierendes Ereignis dar, das eine Menge selbstschädigender Ideen aktiviert. Dies in Rechnung zu stellen und die entsprechenden selbstschädigenden Gedanken aktiv zu disputieren, ist daher sehr wichtig.

4. Erdulden mit feindseligen Gefühlen

Die letztgenannte Möglichkeit ist die neurotische Lösung. Von den vier Möglichkeiten ist sie nämlich die einzige, die psychische Belastung nicht vermindert, sondern in der Regel vermehrt.

Dennoch stellt sie leider die am meisten verbreitete „Lösungsstrategie" dar. Die anderen Lösungsstrategien sind alle mit den grundsätzlichen rational-emotiven Änderungsstrategien vereinbar. So erfordert Strategie Nr. 1. die Entwicklung einer antikatastrophisierenden Einstellung und die Veränderung absolutistischer Forderungen. Auch die Proteststrategie ist nur sinnvoll, wenn der protestierende Partner *zugleich* Ärger reduzierende Einstellungen erlernt.

9. Emotionale Blockaden und Schwierigkeiten im Berufsleben

Da viele von uns einen beträchtlichen Teil ihrer Lebenszeit mit Beruf und Arbeit verbringen, resultieren natürlich aus diesem Bereich eine Fülle von emotionalen Problemen. Relativ zufrieden leben bedeutet daher auch, sich auf diese Probleme einzustellen. Die zwei verbreitetsten emotionalen Probleme aus der Berufswelt sind:

1. Angst in bezug auf die Fähigkeiten, die der Beruf erfordert (häufig verbunden mit der Angst vor Arbeitsplatzverlust).
2. Ärger und Feindseligkeit gegenüber dem Chef, den Angestellten, den Mitarbeitern und Kollegen.

Beide emotionalen Probleme verhindern leicht, daß jemand sein Arbeitsleben als befriedigend empfindet. In den nächsten beiden Fallbeispielen werden Sie sehen, welche Einstellungen hier am Werk sind und wie man sie in Frage stellt.

Angst vor beruflichen Anforderungen

Die Klientin im ersten Fall ist eine junge Angestellte, die vordergründig unter sogenanntem Kontrollzwang leidet.

T.: Sie schreiben hier richtig auf Ihrem „Homeworksheet"[1] unter der Spalte UNERWÜNSCHTES VERHALTEN: „Kontrollzwang – ich prüfe abgeschlossene Akte mehrfach nach." Die darüber liegende Spalte UNANGEMESSENES GEFÜHL ist aber leer.

K.: Ja, ich wußte nicht, was ich da schreiben soll.

Der sogenannte Kontrollzwang bildet sich oftmals aus, ohne daß dem Betroffenen die emotionale Seite seines zwanghaften Verhaltens bewußt ist. Diese Unbewußtheit ist allerdings nicht dem Freudianischen Unbewußten gleichzusetzen, wo-

---

1 New Yorker Selbsthilfe-Formular, siehe Anhang.

nach aufgrund von Verdrängungsprozessen der Klient ohne psychoanalytische Deutungsarbeit keine Chance hätte, sein Unterbewußtes zu erkennen. Gezielt gefragt, kann die Klientin leicht an ihre scheinbar fehlenden emotionalen Inhalte und selbstschädigenden Ideen herankommen.

T.: Nehmen Sie an, Sie würden am Ende Ihrer Arbeitszeit eine gerade abgeschlossene Akte ablegen, aufstehen und nach Hause gehen . . .

K.: Das kann ich nicht. Ich bleibe dann so lange im Büro, bis ich alles nachgeprüft habe.

T.: Sie sagen: „Das kann ich nicht." Wollen Sie sagen, irgendwer hält Sie zurück?

K.: Nein, ich meine, ich bringe es nicht fertig, einfach zu gehen.

T.: Gut, aber Sie könnten aufstehen und gehen – ich meine, Sie wären physisch dazu in der Lage? Was würde *passieren*, wenn Sie sich dazu zwingen würden?

K.: Das habe ich schon versucht. Es war *furchtbar*. Den ganzen Abend habe ich daran gedacht, ob ich jetzt vielleicht einen schwerwiegenden Fehler gemacht habe. Es geht ja dabei um Dinge, die andere Leute betreffen. Von meiner Arbeit hängt da viel ab. Wenn ich was falsch mache, könnten andere darunter leiden.

T.: Ja. Wie haben Sie sich an diesem Abend gefühlt?

K.: *Schrecklich.*

T.: Wie genau? Deprimiert? Wütend? Voller Schuldgefühle?

K.: Hm. Deprimiert eigentlich erst später, wütend nicht. Wütend fühle ich mich manchmal, wenn ich gezwungen Überstunden mache.

T.: Lassen wir das vielleicht vorläufig unbearbeitet. Wie haben Sie sich direkt an diesem Abend gefühlt?

K.: Ich war furchtbar unruhig, ja, ich glaube fast ängstlich.

Angst ist die Emotion, die häufig hinter sogenannten Kontrollzwängen steht. Das kontrollierende Verhalten dient der *Vermeidung* von Angst. Indem die Klientin ihre Tätigkeit am Ende ihrer Arbeitszeit wiederholt überprüft, vermeidet sie Ängste, die auftreten würden, wenn sie die Kontrolle unterließe. Häufiges Vermeidungsverhalten führt dazu, daß der Betroffene schließlich kaum noch den Grund für sein Verhalten kennt: die Angst. Es ist daher wichtig, daß der Klient diese seinem Vermeidungsverhalten zugrundeliegende Motivation wieder versteht, um daran arbeiten zu können.

T.: Wovor hatten Sie Angst?

K.: Daß ich was falsch gemacht habe.

T.: Nun, nehmen wir an, Sie hätten einen Fehler gemacht, was würde *schlimmstenfalls* passieren?

K.: Ja, wie ich schon sagte, es könnte sein, daß z. B. jemand vom Amt keine Unterstützung erhielte, weil ich seinen Antrag falsch bearbeitet habe.

T.: Und was würde das für Sie *bedeuten*?

K.: Ja, der Betreffende wäre vielleicht durch meine Schuld in große Not geraten.

T.: Und was würde *das* für *Sie* bedeuten?

K.: Wie meinen Sie das?

T.: Nun, wenn ein Fehler von Ihnen dafür ursächlich wäre, daß jemand in große Not geriete – was würden Sie darüber denken?

K.: Das wäre schlimm.

T.: Richtig. Das ist ein vernünftiger Gedanke. Wissen Sie, warum?

K.: Nein, wieso?

T.: Weil er beweisbar ist, Evidenz hat: gäbe es evidente, also augenscheinliche Nachteile für den Betreffenden?

K.: Aber ja, eine Menge.

T.: Genau. Aber solange Sie *nur* bei einem vernünftigen Gedanken wie: „Wenn ich einen Fehler mache, ist das schlimm und von Nachteil für mich und andere" bleiben, werden Sie keine Panik damit hervorrufen und Ihrer Angst folglich nicht durch ständiges Nachkontrollieren ausweichen müssen. Sie wären allenfalls besorgt.

K.: Ja, aber wieso hab ich dann Panik?

T.: Weil Sie noch mehr darüber denken. Was denken Sie noch darüber, daß Sie evtl. einen schlimmen Fehler gemacht haben?

K.: Einen so schweren Fehler *darf* man einfach *nicht* machen . . .

T.: . . . und wenn doch, so wäre das *furchtbar*?

K.: Ja.

T.: Was *genau* wäre davon so *furchtbar*?

K.: Nun, ich glaube, ich könnte mir das nicht verzeihen: wenn ich schon an so einem verantwortungsvollen Posten stehe – dann *muß* ich auch genau arbeiten, da *darf* mir kein Fehler passieren . . .

T.: . . . und wenn doch?

K.: Dann bin ich am falschen Platz.

T.: Und dann?

K.: (beginnt zu weinen) Dann würde sich eben zeigen, daß ich doch nichts kann – meine Eltern haben es mir schon immer prophezeit.

T.: Daß Sie nichts können? Sie meinen, daß Sie dann ein *Versager* sind?

K.: Genau – daß ich *zu nichts nutze* bin.

Die Angst, an verantwortungsvoller Stelle am Arbeitsplatz etwas falsch zu machen, kommt von einem Einstellungssystem, das wir Perfektionismus nennen. Es ist der Glaube, daß man ein bestimmtes Gütekriterium in seiner Tätigkeit erfüllen *muß* (entweder ein selbst erstelltes Gütekriterium oder ein von anderen übernommenes).

Diese Forderung, ein bestimmtes Anspruchsniveau erfüllen zu *müssen*, führt zu einem erhöhten Angstpegel – und unter erhöhtem Angststreß machen viele Menschen dann tatsächlich Fehler und arbeiten *unter ihrem Niveau*. Vielfach sehen sich Menschen an ihrem Arbeitsplatz mit Forderungen und Erwartungen anderer (Chef, Vorgesetzte, Kollegen etc.) nach einem bestimmten Leistungsniveau konfrontiert. Damit sehen sie sich einem Problem am Punkt A (= Aktivierendes Ereignis: die fremden Erwartungen) gegenüber. Sie schaffen aber häufig ein zweites (Meta-)Problem, indem sie diese Forderungen und Erwartungen akzeptieren und damit zu ihrem eigenen Einstellungssystem machen. Wie alle Metaprobleme ist auch dieses „hausgemacht", d. h., während das ursprüngliche Problem manchmal schwer oder gar nicht lösbar ist (z. B. der Chef nicht zu ändern ist), so besteht doch keinerlei Grund, das zweite, selbst erschaffene Problem beizubehalten. Letzteres kann durch Änderung der perfektionistischen Einstellung entschärft werden.

Im vorliegenden Fall besteht das Problem der Klientin aber offenbar ausschließlich aus ihrer perfektionistischen Einstellung, die sie ihrer Tätigkeit an ihrem Arbeitsplatz entgegenbringt. Um ihre Angst und ihr überkontrollierendes Verhalten zu verringern, sollte sie daher ihren Perfektionismus in Frage stellen und ablegen.

T.: Sie glauben also, Sie *dürften* keine Fehler machen. Und wenn doch – so seien Sie ein *Versager*. Ist dieser Glaube realistisch, gibt es Beweise für Ihre Annahme?

K.: Ja, wenn ein Mensch so viele schwere Fehler macht, so ist er doch ein Versager, oder nicht?

T.: Nein. Wenn Sie nicht nur bei Ihrer Arbeit, sondern bei allen Ihren Tätigkeiten Fehler machen würden – und das bis an Ihr Lebensende – dann könnten Sie sich vielleicht mit Recht als Versager ansehen. Aber trifft das auf Sie auch nur annähernd zu? Ist das eine realistische, sinnvolle Annahme?

K.: Nein, Sie haben recht. Alles mache ich sicher nicht falsch.

T.: Was könnten Sie also tun, um Ihre Angst und Ihren daraus folgenden Kontrollzwang zu verringern?

K.: Ich könnte mir sagen: Ist ja egal, wenn ich jetzt etwas falsch mache. Schließlich bin ich nicht unfehlbar. Und ich bin kein Versager, wenn ich bei dieser Arbeit nicht gut bin. Vielleicht liegen mir andere Tätigkeiten mehr.

T.: Ziemlich gut. Allerdings ist es nicht egal, ob Sie einen Fehler machen. Sie hätten dabei ziemliche Nachteile zu gewärtigen – abgesehen von dem Schaden, den auch andere erleiden könnten, wie Sie schon sagten. Es wäre also unangenehm, nachteilig und gar nicht wünschenswert, wenn ihnen schwere Fehler bei Ihrer Arbeit unterliefen – aber diese Tatsache könnte Sie nicht *insgesamt* zu einem *Versager* machen. Und Ihr überkontrollierendes Verhalten ist nicht sinnvoll, da es offensichtlich dazu dienen soll, daß Sie 100 %

Sicherheit haben, keinen Fehler gemacht zu haben. 100 % Sicherheit aber gibt es in Wirklichkeit nicht. Wir leben in einer Welt der Wahrscheinlichkeit. Um die Wahrscheinlichkeit, daß Sie nichts vergessen haben, keinen Fehler übersehen haben, vernünftig hoch zu halten, genügt es, wenn Sie Ihre Arbeitsgänge einmal – konzentriert und planmäßig – überprüfen. Mehr macht keinen Sinn.

Wie Sie an diesem Beispiel sehen können, führt ein perfektionistisches Wertsystem zu Ängsten und in der Folge zu Verhaltensweisen, die der Vermeidung von Angst dienen (z. B. überkontrolliertes oder überkontrollierendes Verhalten).

Fragen Sie sich daher: „Wo ist der Beweis, daß ich ein *Versager* bin, wenn ich einen Fehler mache oder gar meinen Job verliere?" Der Beweis ist nicht zu führen. Schlimmstenfalls resultiert daraus, daß Sie eben schlecht gearbeitet haben und sich besser in Zukunft mehr anstrengen und bemühen.

Fragen Sie sich: „Wieso wäre es *schrecklich*, wenn ich einen großen Fehler mache oder meinen Job verliere?"

Antwort: Nur Ihre Definition kann diese Ereignisse zu schrecklichen machen. Wahr ist, daß es sich um unangenehme und frustrierende Dinge handelt.

Fragen Sie sich: „Warum *muß* ich irgendein Anspruchsniveau einhalten?"

Antwort: Es gibt keinen Grund für eine solche absolutistische Forderung, wenngleich es natürlich besser ist, wenn Sie gute Arbeit verrichten.

Ein vernünftiger innerer Selbstdialog dieser Art kann zu einer neuen rationalen Lebensphilosophie führen, die Ihnen hilft, mehr von dem zu bekommen, was Sie wünschen, und weniger von dem, was Sie nicht haben wollen.

Ärger im Beruf

Der nächste Beispielsfall beschäftigt sich mit dem weit verbreiteten Arbeitsplatzproblem „Ärger über Vorgesetzte, Kollegen etc.".

K.: Meine Probleme haben sich verschärft, weil ich jetzt auch auf der Arbeit viel Ärger habe. Seit der neue Schulleiter da ist, ist die Arbeit für mich äußerst „stressig" geworden. Das ist ein unglaublich autoritärer Knochen. Unglaublich, daß es so etwas heute noch gibt . . .

T.: Ja.

K.: . . . er ruiniert die ganze Atmosphäre an der Schule, wir Lehrer kriegen Druck, die Schüler kriegen Druck, organisatorische Arbeit schiebt er ab auf mich und andere. Nach oben ist er ein „Schleimscheißer".

T.: Ja. Also ich habe verstanden, Sie arbeiten an einer Schule, deren Direktor ein „Schleimscheißer", ein autoritärer Knochen" ist usw. Das ist das Aktivierende Ereignis (Punkt A) für Ihre problematische Situation. Und wie geht es Ihnen dabei, wie fühlen Sie sich, was fühlen Sie dabei am Punkt C, der emotionalen Konsequenz?

K.: Ich bin *unheimlich* sauer auf den Kerl. Ich krieg schon Magengeschwüre davon.

Ärger gehört zu den Emotionen, die in vielerlei Hinsicht psychosomatisch krank machen können: Der Blutdruck steigt im akuten Ärgerzustand und kann chronisch erhöht werden. Ein schwaches Herz kann bis zu einem gefährlichen Punkt überbeansprucht werden. Unterdrückte Wut führt oftmals zu chronischen Kopfschmerzen. Das gesamte physiologische System ist angespannt – die Magen- und Darm-Funktionen sind verlangsamt oder überstimuliert, so daß Magenschmerzen (tatsächlich bis hin zum Geschwür von Magen oder Zwölffingerdarm), Verstopfung, Durchfall und anderes die Folge sind.

T.: Ich verstehe. Was sagen Sie sich am Punkt B, Ihrem Bewertungssystem, *über* die Situation an Ihrem Arbeitsplatz?

K.: Das gehört einfach verboten. So *darf* man sich nicht aufführen. Das macht alles kaputt . . .

T.: Daß er so autoritär ist . . .

K.: Ja, ich *hasse* das. Der ist für mich wirklich – Entschuldigung – ein großes *Arschloch.*

T.: Ja. Sie sagen sich also erstens: Er ist autoritär . . .

K.: . . . und unfähig . . .

T.: . . . und unfähig, okay, nehmen wir das auch an. Und zweitens: So *darf* man bzw. er sich nicht verhalten. Und weil er sich so verhält, wie er sich nicht verhalten darf, ist er ein „Arschloch"[2].

K.: Es ist unglaublich schwer für mich, mit so einem unfähigen Menschen zusammenzuarbeiten – und ich kann ihn ja nicht einfach ignorieren – ich meine, er hat als Schulleiter nun mal vieles zu sagen und zu entscheiden. Man muß mit ihm zusammenarbeiten.

T.: Richtig. Aber warum *darf* er sich nicht autoritär und unfähig verhalten? Wo steht das geschrieben?

K.: Geschrieben steht es nirgends.

T.: Ja, gibt es dann irgendwelches beweisfähige Material – gibt es Evidenz dafür, daß er sich nicht autoritär und unfähig verhalten *darf?*

K.: Er könnte lernen, daß es so nicht geht.

T.: Könnte er wahrscheinlich . . .

K.: Aber er schert sich nicht drum.

T.: Nun, ich höre Sie sagen: Weil er lernen könnte, kooperativer zu sein, weniger autoritär, deshalb *darf* er nicht autoritär sein.

K.: Ja.

T.: Ist der Schluß korrekt? *Folgt* das daraus?

---

2 Rational-Emotive Therapeuten folgen oft dem Beispiel von Albert Ellis und benutzen die Sprache ihrer Klienten bzw. ermuntern sie, wirklich auszusprechen, was sie denken. Verdammende Gedanken, die verantwortlich sind für Wut und exzessiven Ärger, bleiben im verborgenen, wenn der Klient bzw. Therapeut sich einer „gereinigten Sprache" bedient. Die verdammende, eine Person pauschal auf einen *schlechten Menschen* reduzierende Einstellung des Klienten kommt in dem „unfeinen" Wort schlagartig zum Ausdruck.

K.: Ich weiß nicht.

T.: Na, nehmen wir an, der Mann hätte Talent zum Klavier-spielen, zum Beispiel, und er könnte fleißig üben jeden Tag und würde Pianist werden und Ihre Schule verlassen. Aber er macht das nicht.

K.: Ja.

T.: *Muß* er tun, was er tun könnte?

K.: Nein – nein, er müßte nicht.

T.: Ja, aber sagen Sie in Ihrem inneren Dialog nicht genau das? Weil er lernen *könnte*, ein kooperativer Schulleiter zu sein, *muß* er das werden, *darf* er nicht autoritär bleiben.

K.: Ja, schon.

T.: Und ist das ein sinnvoller Schluß?

K.: Na, wahrcheinlich nicht. Aber was soll das? Soll ich mir sagen: Gut, er ist eben ein autoritärer Knochen, und ich muß mit ihm zusammenarbeiten, er will sich nicht ändern, also ist es mein Problem.

T.: Nun, wir könnten sagen, es ist sein Problem, daß er so autoritär ist, und es führt dazu, daß Sie in Ihrer Arbeit Schwierigkeiten haben. Aber sein autoritäres Verhalten führt nicht zwangsläufig und automatisch dazu, daß Sie in Wut geraten und sich so exzessiv ärgern müssen.
Wollen Sie die Sache „hinschmeißen"?

K.: Nein, nein, das kommt für mich nicht in Frage – ich will schon meinen Mann stehen –, ins „Bockshörnchen" lasse ich mich nicht jagen.

T.: Nun ja, welche Alternative haben Sie dann?

K.: Das ist es ja. Was soll ich machen?

T.: Nun, wie könnten Sie mit dieser Schwierigkeit, dieser Frustration *leben* und sich dennoch nicht *exzessiv ärgerlich* machen, sich nicht *so sehr aufregen* darüber?

K.: Indem ich mir sage: „Der ist halt so, da kann man nichts machen, okay, alles in Ordnung."

T.: In Ordnung ist es nicht. Das ist Unsinn!

K.: Ja, in Ordnung ist es wirklich nicht, ja, ich sehe, was Sie meinen: ich könnte ja versuchen, etwas zu ändern, aber mich nicht mehr so zu ärgern.

T.: Das ist der Punkt.

Exzessiven Ärger zu verringern heißt niemals, sich mit einer veränderbaren frustrierenden Situation abzufinden. Selbstverständlich ist es sehr vernünftig, unangenehme Situationen, Schwierigkeiten, Probleme am Punkt A (= Aktivierendes Ereignis) anzugehen und für Verbesserungen zu arbeiten und sich einzusetzen. Zum Beispiel auch zu versuchen, andere Menschen zu beeinflussen, Änderungen in ihrem Verhalten herbeizuführen etc. Exzessiver Ärger ist aber dabei ein schlechter Problemlöser. Man kann sagen, daß Ärger keine Lösung, sondern eine Reaktion auf eine Frustration ist. Wenn der Klient seinen Chef zu mehr kooperativer Haltung bringen will, so könnte er versuchen, höflicher und freundlicher zu sein, mit Überzeugungskraft vorzugehen und dem Schulleiter die Vorteile kollegialer Kooperation zu verdeutlichen. Wenn dies nichts nützt, könnte er zusammen mit anderen Kollegen Druck auf den Schulleiter ausüben, um ihn zu einer Änderung seines Verhaltens zu bewegen. Und schließlich könnte es eine Lösung für den Klienten bedeuten, seinen Arbeitsplatz zu wechseln. Exzessiven Ärger über den Chef zu entwickeln, könnte dagegen den Schulleiter veranlassen, noch weniger kooperativ zu sein und als Reaktion auf die feindselige Haltung des Klienten diesem das Leben noch schwerer zu machen.

Wenn wir auf eine andere Person sehr ärgerlich sind, so beschäftigt uns diese *Person* gedanklich sehr stark. Das läßt dann manchmal wenig Raum, um sinnvolle *Handlungen* und Reaktionen zu finden und auszufühen.

Übung 15

Einschätzung Ihrer selbstschädigenden feindseligen Haltung und Ihres Ärgers

Wählen Sie ein oder zwei Personen (z. B. aus Ihrem Arbeitsleben), denen gegenüber Sie häufig eine feindselige Haltung verspüren und/oder über die Sie sich oft stark ärgern. Schreiben Sie den/die Namen in die Rubrik „Zielperson". Indem Sie sich in einer Vorstellungsübung mit dieser Person/diesen Personen befaßt haben (hierbei brauchen Sie zunächst noch nicht nach rationalen Alternativen zu suchen!), kreuzen Sie an, welche Intensität Ihre Feindseligkeit bzw. Ihr Ärger erreichen. Danach stellen Sie sich noch zusätzlich eine bestimmte Situation mit dieser Person/diesen Personen vor und beschreiben Sie kurz. Kreuzen Sie auch hier an, wie intensiv Sie sich feindselig fühlen bzw. ärgern.

1. Zielperson(en)	*2. Feind-seligkeit hoch-niedrig*	*Ärger hoch-niedrig*
Generelle Reaktionen auf Diese Person(en)	1 2 3 4 5	1 2 3 4 5
Bestimmte Situationen		
_____	1 2 3 4 5	1 2 3 4 5
_____	1 2 3 4 5	1 2 3 4 5
_____	1 2 3 4 5	1 2 3 4 5
_____	1 2 3 4 5	1 2 3 4 5

Zielperson(en)										
Generelle Reaktionen auf diese Person(en)	1	2	3	4	5	1	2	3	4	5
Bestimmte Situationen										
	1	2	3	4	5	1	2	3	4	5
	1	2	3	4	5	1	2	3	4	5
	1	2	3	4	5	1	2	3	4	5
	1	2	3	4	5	1	2	3	4	5

Die Philosophie des Ärgers besteht aus der irrationalen Idee: „Es ist *schrecklich*, wie du dich verhältst, und ich kann das *nicht ertragen*. Du *darfst* dich so nicht verhalten. Du bist ein *Miststück*, eine *elende Person* etc., wenn du so handelst." Aber welche Beweiskraft hat in unserem Beispielsfall die Annahme, ein autoritärer Schulleiter sei eine *Katastrophe* und nicht nur eine frustrierende Arbeitsbedingung? Es ist sicher sehr verdrießlich für den Klienten, unter solchen Bedingungen zu arbeiten, aber es ist natürlich *auszuhalten*. Zu *fordern*, der Schulleiter *dürfe nicht* autoritär sein, ist unrealistisch. In gewissem Sinne steckt dahinter sogar eine Form von *Großartigkeit* und *Überheblichkeit*: „Was ich nicht mag, *darf nicht* existieren!" Aber es existiert und stellt ein Problem dar. Es hat wenig Zweck, ein zweites Problem hinzuzufügen: sich exzessiv aufzuregen.

Übung 16

Disputation Ihres Ärgers und Ihrer Feindseligkeit

Unter Spalte 1 beschreiben Sie kurz die Situation, die Ihre ärgerproduzierenden Gedanken auslöste. Unter Spalte 2 zählen Sie die irrationalen Ärgergedanken auf, die bei Ihnen zutreffen. In Spalte 3 kennzeichnen Sie Ihre rationalen Gegenargumente und in Spalte 4 vermerken Sie, wie Sie sich nach Ihrem neuen rationalen Selbstgespräch fühlen.

1. Situation – aktivierendes Ereignis	2. irrationale Ärgergedan- ken	3. Rationales Selbstge- spräch	4. Gefühle danach

10. Noch mehr Hilfe zur Selbsthilfe

Psychologische Hilfe besteht zu einem großen Teil aus Selbsthilfe. Die vielen Therapeuten und Berater, die in der ganzen Welt nach den Prinzipien der RET arbeiten, ermutigen ihre Klienten regelmäßig, verschiedene Selbsthilfebücher zu lesen. Diese Bibliotherapie ist also ausgesprochen nützlich und beschleunigt den therapeutischen Erfolg. Am Institut für Rational-Emotive Therapie und Kognitive Verhaltenstherapie (DIREKT) in Würzburg habe ich eine neue Betreuungsform für Klienten eingeführt, die meines Wissens in dieser Form auf der Basis einer seriösen Therapieschule bisher einzigartig ist. Ausgangspunkt waren die vielen Zuschriften von Lesern meines Buches „Gefühle erkennen und positiv beeinflussen", die aus zeitlichen und finanziellen Gründen nicht persönlich zu mir kommen wollten. Ich wurde daher gebeten, einen schriftlichen Rat zu erteilen, insbesondere die beigelegten Rationalen Selbstanalysen (RSA's) auf „Richtigkeit" durchzusehen. Meine Kollegen und ich überlegten, ob wir einem solchen Wunsch nachkommen konnten, ohne unsere „therapeutische Ernsthaftigkeit" aufs Spiel zu setzen.

Unter Anwendung der Prinzipien der RET kamen wir zum Ergebnis, daß

1. die Kommentierung von RSA's schriftlich möglich ist,
2. dieser Kontakt höchstwahrscheinlich die Selbsthilfearbeit von Klienten verbessert,
3. es zwar wünschenswert ist, wenn Therapeuten möglichst effektiv helfen, aber nicht *schrecklich*, wenn der Versuch wenig effektiv sein würde.

So begannen wir mit dieser Art von „Ferntherapie" – und machten bald sehr positive Erfahrungen.

Klienten machen oft ganz typische Fehler. Daraus kann man lernen! Sehen wir uns daher einige RSA-Beispiele und meine Kommentierung an.

BEISPIEL 1: Klienten-RSA

A   Liege sonntags im Bett.

B   1. Ich bin furchtbar träge. Nie kann ich mich zu etwas aufraffen.
2. Niemand ruft mich an. Sicher haben alle meine Bekannten viel Interessanteres zu tun, als sich mit mir zu treffen.
3. Ich hasse Wochenenden.
4. Ich bin absolut unfähig, meine Freizeit sinnvoll zu gestalten.
5. Schäme mich, dies zuzugeben (Nr. 4).
6. XY hat nie Langeweile. Sie hat 1000 Freunde und ist immer aktiv.

C   Depressiv, Selbstmitleid, wütend auf mich, auf andere eifersüchtig, neidisch auf andere.

D   1. Bin ich nur dann mit mir zufrieden, wenn ich aktiv bin? Ich übertreibe, wenn ich „nie" sage.
2. Daß niemand anruft, stimmt. Aber die Tatsache, daß mich niemand anruft, bedeutet nicht, daß sie mich nicht mögen.
3. Ich mag Wochenenden nicht.
4. Ich übertreibe.
5. Meine Befürchtung, ausgelacht zu werden, ist unrealistisch.
6. Der Vergleich mit XY hilft mir nicht, mich besser zu fühlen und mein Ziel zu erreichen. Der Vergleich hilft mir dann nicht, wenn ich mich selbst dadurch abwerte. Er ist nur dann hilfreich, wenn ich ihn als Ansporn verstünde.

E   Spazierengehen, Lesen, Kino, jemanden anrufen.

Mein Kommentar:

Zunächst ist festzustellen, daß die Klientin das Prinzip der RSA bereits recht gut versteht und anwenden kann.

Ich forderte sie aber dennoch auf, ihre RSA noch einmal unter Beachtung folgender Hinweise zu bearbeiten:

1. Es ist eine Grundregel, für jedes unangemessene C (= Gefühle und Verhaltensweisen) eine eigene RSA zu erstellen.

Sie haben unter C mindestens drei Gefühls- und Verhaltenskomplexe unterschiedlicher Natur erwähnt.

    a. Depression und Selbstmitleid

    b. Wut

    c. Eifersucht und Neid

Mein Rat: Beginnen Sie mit dem Komplex „Depression und Selbstmitleid". Beschränken Sie zunächst Ihre RSA auf dieses Problem. Fügen Sie hinzu: „Passivität"; denn dieses C ist in Ihrer Aussage B 1 enthalten („Ich bin furchtbar träge") und in Ihrem A („Liege im Bett").

Ihr C lautet also:

Depression/Selbstmitleid/Passivität.

2. Prüfen Sie, ob Ihr Problem nicht in Wirklichkeit aus einem 1. ABC und einem 2. ABC besteht, etwa wie folgt.

	1. ABC		2. ABC
A	? (ist nicht unbedingt von Bedeutung)		
B	wie B2, B3, B4, B6		
C	Depression/Selbstmitleid/ins Bett legen	C	wird zu neuem A: Liege im Bett, passiv und träge
		B	*Nie* kann ich mich zu etwas aufraffen! Wie *furchtbar* das ist!
		C	*Mehr Depression!*

Wenn dies so sein sollte, beginnen Sie an ihrem 2. ABC zu arbeiten (disputieren Sie!) und erst danach wenden Sie sich dem 1. ABC zu.

3. Zu B 5:

Frage: *Was sagen Sie sich*, um sich beschämt zu machen?

4. Ihre Disputation:

Zu D 1:   Disputieren Sie nicht nur Ihre verzerrte Wahrnehmung (= „*Nie* kann ich mich aufraffen"), sondern vor allem Ihre Bewertung. Wieso ist es *furchtbar*, wenn Sie sich wirklich nie zu etwas aufraffen würden?

Zu D 2:   Und was würde es für Sie *bedeuten*, wenn „sie mich nicht mögen"? Suchen Sie nach Ihren Bewertungen!

Zu D 3:   Was bedeutet „hassen"? Katastrophisieren? Wenn ja, wie ich sehr glaube, disputieren Sie konsequent!

Zu D 4:   Wie zu D 1!

Zu D 5:   Wie zu D 1! Zusätzlich: Was *bedeutet* es, wenn Ihre Befürchtungen zutreffen würde?

Soweit mein Kommentar zu der RSA der Klientin. Bevor Sie jetzt weiterlesen, sollten Sie versuchen, die RSA der Klientin gemäß meinen Ratschlägen neu zu erstellen.

Übung 17

Lesen Sie auf der nächsten Seite erst weiter, wenn Sie die Übung gemacht haben!

Die Korrektur der Klientin:

2. ABC (Mein Haupt-ABC!)

A   Liege im Bett, bin passiv.

B   Nie raffe ich mich zu etwas auf!
Wie furchtbar das ist! Ich sollte aktiv sein!

C   Depression

D Es ist höchstens *unangenehm* und *traurig*, wenn ich passiv bin.

Wenn es *furchtbar* wäre, so könnte es nichts Schlimmeres geben.

Das aber ist zweifelsohne Unsinn. Es wäre daher höchstens *wünschenswert*, wenn ich aktiver wäre, aber es ist Unsinn, zu *fordern*, daß ich aktiv sein *müßte!*

Was sage ich mir, um mich beschämt zu machen?

Ich sage mir:

Ich *bin absolut unfähig*, meine Freizeit sinnvoll zu gestalten. Ich bin eine *Null*.

Hierzu mein D:

Selbst wenn ich *absolut unfähig* wäre, meine Freizeit sinnvoll zu gestalten, was sicher eine große Übertreibung darstellt, so ist das kein Beweis dafür, daß ich eine *Null* bin. Bei meiner Arbeit z. B. leiste ich Sinnvolles.

Meine neue Disputation:

Zu D 1: Selbst wenn ich mich nie aufraffen würde, wäre das höchstens sehr nachteilig für mich, aber nicht *entsetzlich*. Außerdem ist es eine Übertreibung, wenn ich „nie" sage.

Zu D 2: Dahinter steckt tatsächlich, daß ich es als *Katastrophe* ansehen würde, wenn mich niemand mag. Aber wieso bin ich auf die Wertschätzung anderer Menschen absolut angewiesen? Ich möchte wirklich nicht, daß man mich ablehnt, aber wenn doch, wäre es wohl besser, dies als Realität zu akzeptieren, anstatt zu *fordern*, daß es anders sein *müßte*.

Zu D 3: Hier katastrophisiere ich. So schlimm sind Wochenenden in Wirklichkeit nicht, selbst wenn ich kaum Kontakt mit Leuten habe. Ich kann immer noch andere Dinge tun wie Malen und Nähen, die mir durchaus Spaß machen.

Zu D 5: Würde bedeuten, daß mich die Leute nicht mögen, und das wäre ziemlich *katastrophal*. Ich sehe, das ist das gleiche wie zu

D 2. Dahinter verbirgt sich die *irrationale Idee Nummer Eins*, nämlich mein Glaube, ich *müsse* von jedermann/frau unbedingt geschätzt werden, ansonsten sei ich eine *wertlose Person*.

BEISPIEL 2: Klienten-RSA:

A   Bin in Gegenwart anderer Personen, besonders von Leuten in übergeordneten Positionen, manchmal sehr unsicher.

B   1. Die wissen bestimmt mehr als ich.
2. Hätte ich doch bloß überhaupt nichts gesagt.
3. Was denken die wohl von mir?
4. Mir fällt überhaupt nichts mehr ein, was ich sagen könnte.
5. Hoffentlich ist die Situation bald vorbei.
6. Warum kann ich nicht so überlegen sein wie manch anderer?

C   Ängstlichkeit vor dem Zusammentreffen mit bestimmten Personen; immer größere Unsicherheit

D 1: Woher weiß ich, daß jemand *sicher* mehr weiß als ich? Vielleicht ist es so, vielleicht aber auch nicht. Wissen ist zudem ein sehr relativer Begriff.

D 2: Was wäre passiert, wenn ich überhaupt nichts gesagt hätte?
Man hätte mich vielleicht für dumm gehalten. Woher weiß ich das? Wo ist der Beweis für meine Annahme?

D 3: Was meine ich, was die anderen von mir denken könnten?
Warum meine ich, daß die anderen überhaupt etwas von mir denken könnten? Was ist so schlimm daran, daß andere über mich nachdenken?

D 4: Warum meine ich, daß mir nichts mehr einfällt? Weil ich blockiert bin? Warum meine ich, daß mir unbedingt etwas einfallen muß?

D 5: Und was ist dann? Meine ich, daß es für mich schöner wäre, mich nie in unangenehmen Situationen zu befinden?

D 6:	Warum meine ich, überlegen sein zu müssen? Meine ich dann besser zu sein?
E	Nicht mehr blockiert zu sein im Umgang mit Menschen in besseren Positionen, natürlich damit umzugehen.

Mein Antwortkommentar:
Sehen wir uns zunächst an, was Sie unter A vermerken. Was *genau* heißt: „Ich bin manchmal sehr unsicher"? In der Regel meinen wir Menschen damit, daß wir uns

  1. unsicher verhalten
und 2. unsicher fühlen.

Beides läßt sich aber noch genauer formulieren:
„Unsicher verhalten" schließt Verhaltensweisen ein wie: Blickkontakt vermeiden, stottern, „verlegen" lachen etc.
Konkretisieren Sie, welche Verhaltensweisen bei Ihnen im Vordergrund stehen. Einiges kann ich schon ziemlich sicher erraten, wenn ich mir Ihre B's genau ansehe: B 4: Ihnen fällt nichts mehr ein. Sie sind „blockiert". Das ist eine Folge Ihrer Ängstlichkeit, ein unsicheres Verhalten.
„Unsicher fühlen" bedeutet in der Regel so etwas wie Ängstlichkeit.
Also lautet Ihr A genauer:

A In Gegenwart anderer bin ich ängstlich und verhalte mich entsprechend.

Vergleichen Sie dieses A mit Ihrem C. Sie sehen, das Gefühl der Ängstlichkeit kommt sowohl bei A als auch bei C vor. Dies weist darauf hin, daß Sie es mit zwei Problemen zu tun haben:
1. Problem oder 1. ABC:
Ihre Ängstlichkeit und Ihr unsicheres Verhalten
2. Problem oder 2. ABC:
Ihre Angst *vor* Ihrer Ängstlichkeit!

	1. ABC	2. ABC

A Kontakt mit anderen
Menschen

B ?

C Ängstlichkeit und
unsicheres Verhalten   **A** (C wir neues A!)

Bevorstehendes
Zusammentreffen mit
anderen. Ich werde mich
dabei ängstlich fühlen und
unsicher verhalten

B Was denken die von
mir?
Hoffentlich ist die
Situation bald vorbei!

C größere Angst und
„Unsicherheit"

Ich empfehle Ihnen, mit der Bearbeitung des 2. Problems
oder 2. ABC zu beginnen. Solange Sie dieses Metaproblem
(Problem über das Problem oder Ihre Unsicherheit wegen
Ihrer Unsicherheit!) nicht reduziert haben, wird die Bearbeitung des Gesamtproblems schwerer bleiben.
Beantworten Sie daher Ihre Frage aus dem 2. ABC (= Ihr B
3 aus Ihrer RSA): „Was denken die wohl von mir?" Nehmen
Sie gleich den *schlimmsten Fall* an und fragen Sie sich dabei,
was dieser schlimmste Fall für Sie *bedeuten* würde.
Weiter:
Warum hoffen Sie, daß die Situation bald vorüber sein soll?
Was würde es für Sie *bedeuten*, wenn sie *nicht bald vorüber*
wäre?

Zu Ihren D's:

D 1: Gut, aber gehen Sie tiefer! Was, wenn die anderen doch mehr wissen als Sie?

D 2: Sehr gut! Aber gehen Sie auch hier tiefer. Was wäre, wenn man Sie doch für dumm hielte?

D 4: Entscheidend ist Ihre Disputationsfrage: „Warum meine ich, daß mir unbedingt etwas einfallen *muß*?" Geben Sie sich Antwort! Verlangen Sie einen Beweis für die in Ihrer Frage steckende Annahme!

D 6: Geben Sie sich weiter Antwort! Stellen Sie Ihre Annahme in Zweifel! Warum meinen Sie, überlegen sein zu *müssen*?

Zu Ihrem E:

Ihr Ziel, nicht mehr blockiert zu sein, werden Sie besser erreichen, wenn Sie zunächst einmal daran arbeiten, wie Sie Situationen des Blockiertseins in Zukunft besser akzeptieren können.
Damit ist das 2. ABC angesprochen. Erarbeiten Sie also auch ein neues E für Ihr 2. ABC.

Übung 18

Lesen Sie auch hier erst weiter, wenn Sie zur Übung die Korrektur selbst gemacht haben!

Die Korrektur des Klienten:

Disputation meiner B's aus dem 2. ABC:

iB: „Was denken die von mir?"
Mein Gott, wenn sie mich für dumm halten würden oder so einen schlappen Kerl! Es wäre *fürchterlich*, wenn sie mich ablehnen würden! Ich *brauche* etwas Wertschätzung!"

D: Die Tatsache, daß sie so etwas denken würden, beweist nicht, daß ich wirklich ein *dummer Kerl* bin. Ich bin ein Mensch mit Schwächen, z. B. meiner Unsicherheit, aber ich kann mich als solcher akzeptieren. Ablehnung zu erfahren wäre wirklich nicht angenehm, aber sicher keine *Katastrophe*. Insofern bin ich auf Wertschätzung nicht unbedingt angewiesen, auch wenn ich es schön finde, geschätzt zu werden.

iB: „Hoffentlich ist die Situation bald vorbei!"
„Ich meine, solche Situationen *nicht aushalten*, nicht länger *durchstehen* zu können."

D: Das ist aber Unsinn. Ich habe diese Situationen schon oft überstanden. Ich werde sie *niemals mögen*, aber ich kann sie ertragen.

Verbesserte D's:

D 1: Wenn die anderen mehr wissen als ich, so bedeutet das nicht, daß ich *ein Dummkopf* bin. Ich weiß dafür andere Dinge und kann andere Dinge. Ich bin ein Mensch mit Fehlern und Schwächen, aber wenn ich mich akzeptiere, so kann ich dennoch zufrieden leben. Worauf es mir eigentlich ankommt, ist ein zufriedenes Leben, nicht großes Wissen als Selbstzweck, auch wenn ich mehr Wissen anstrebe.

D 2: Habe ich schon oben disputiert.

D 4: Hinter meinem „Muß" steckt wieder die Annahme, ich *müßte* um jeden Preis akzeptiert werden. Aber ich kann mich selbst akzeptieren, bin also nicht auf die Wertschätzung der anderen unbedingt angewiesen. Es ist also zwar recht angenehm, wenn mir geistreiche Beiträge einfallen, aber ich bin nicht darauf angewiesen. Ich höre auf, von mir so etwas zu fordern. Wahrscheinlich werde ich dann auch unter weniger Anspannung und Streß stehen und nicht so oft blockiert sein.

D 6: Ich bin kein besserer Mensch, wenn ich überlegen bin. Vielleicht mögen mich manche Leute dann gar nicht. Auch hier muß-turbiere ich! Ich *muß* nicht geliebt werden, auch wenn ich es schön finden würde. Aber von allen Leuten kann ich sowieso nicht geliebt werden und will es auch nicht.

Mein neues E:
Enttäuscht, wenn ich wieder unsicher war. Vielleicht traurig.
Besorgt, daß ich wieder blockiert sein könnte.
Aber nicht panisch!

Möchten Sie Ihre Selbsthilfearbeit überprüfen lassen?

In ähnlicher Form können Sie Ihre Selbsthilfearbeit durch
mich oder Mitarbeiter des DIREKT überprüfen lassen.
Schreiben Sie an DIREKT, Sanderglacisstr. 1, 8700 Würzburg.

Mit herzlichem Gruß

Ihr *Dieter Schwartz*

Anhang

WENN SIE NOCH MEHR LESEN MÖCHTEN:

Karin Berg, Ihr Wunschgewicht ist erreichbar. Landsberg a. L.: MVG 1988.
Die Anwendung der Rational-Emotiven Therapie auf Probleme im Zusammenhang mit Eßverhalten.

Rolf Merkle, Ich höre auf, ehrlich! Mannheim: PAL-Verlag
Die Entsprechung für Problemtrinker und Alkoholabhängige.

Dieter Schwartz, Gefühle erkennen und positiv beeinflussen. Landsberg a. L.: MVG 1987
Rationales Selbsthilfebuch, das die Methode der Rationalen Selbstanalyse auf der Basis der RET ausführlich darstellt. Alle Kapitel mit programmierten Fragen zur Verständniskontrolle. Behandlung spezieller Problembereiche: u. a. das Orgasmusproblem bei Frauen.

Dieter Schwartz, Selbstschädigende Ideen.
Testheft mit Arbeitsteil. Nicht schwer durchzuführender psychologischer Test auf RET-Basis, der eine präzise Analyse des eigenen selbstschädigenden Denkens und quantitative Aussagen über den individuellen Ausprägungsgrad Ihrer selbstschädigenden Ideen ermöglicht. Jeder so festgestellten selbstschädigenden Idee wird im Auswertungs- und Arbeitsteil die rationale Alternative gegenübergestellt.
Zu beziehen über DIREKT (Dt. Institut für Rational-Emotive Therapie und Kognitive Verhaltenstherapie), Sanderglacisstr. 1, D-8700 Würzburg

Bertrand Russell, Eroberung des Glücks. Neue Wege zu einer besseren Lebensgestaltung. Frankfurt a. M.: Suhrkamp 1982.
Die Ratschläge des großen Philosophen!

Epiktet. Handbüchlein der Moral und Unterredungen. Stuttgart: A. Kröner 1978.
Die 2000 Jahre alten Grundlagen vernünftiger Lebensführung vom Meister der stoischen Philosophie. Leicht zu lesen, aber mit Tiefgang!

Zeitschrift für Rational-Emotive Therapie & Kognitive Verhaltenstherapie (Hrsg. Dieter Schwartz)
Für Berater und Trainer, die nach dem Konzept der RET & KVT arbeiten, ein unentbehrliches Periodikum. Aber auch informativ für den Laien, der am Ball bleiben will. Zu beziehen über den Herausgeber, Sanderglacisstr. 1, D-8700 Würzburg.

Selbsthilfe-Formular zur Rationalen Selbstanalyse (RSA)

A   Aktivierende Erfahrungen (oder Ereignisse)

_____

_____

_____

_____

_____

B   Ihre Ideen über die Aktivierenden Erfahrungen/
Ereignisse
Ihre *Einstellung zu* den Aktivierenden Erfahrungen/
Ereignissen

  rB   rationale Ideen/vernünftige Einstellung (in der Form
Ihrer Wünsche oder Abneigungen)

_____

_____

_____

_____

_____

_____

_____

_____

iB irrationale Ideen/selbstschädigende Einstellungen
*Muß-turbieren – Katastrophisieren – Abwerten der
Person)*

C *Konsequenzen* Ihrer Einstellungen/Ideen über die
Aktivierenden Erfahrungen/Ereignisse

a) Konsequenzen von rB (angemessene Konsequenzen)
1. emotionale Konsequenzen von rB:

---

2. Verhaltenskonsequenzen von rB:

b) Konsequenzen von iB (selbstschädigende Konsequenzen)

1. emotionale selbstschädigende Konsequenzen von iB:

_____

_____

_____

_____

_____

2. selbstschädigende Verhaltenskonsequenzen von iB:

_____

_____

_____

_____

_____

D Disputieren Ihrer selbstschädigenden Ideen/Einstel-
lungen (in Frageform)

_____

_____

_____

_____

_____

E Ergebnis des Disputierens Ihrer selbstschädigenden Ideen/Einstellungen

a) Antworten auf Ihre Fragen (= Ihre neue Einstellung)

_____

_____

_____

_____

_____

b) emotionale Effekte Ihrer neuen Einstellung
(in Übereinstimmung mit Ihrem Therapieziel):

_____

_____

_____

c) Verhaltenseffekte Ihrer neuen Einstellung
(in Übereinstimmung mit Ihrem Therapieziel):

_____

_____

_____

_____

Institut für Rational-Emotive Therapie und Kognitive Verhaltenstherapie (DIREKT), Sanderglacisstr. 1, D-8700 Würzburg
Nachdruck nur mit Genehmigung des DIREKT

Beispiel-Formular
zur Rationalen Selbstanalyse (RSA)

A   Aktivierende Erfahrungen (oder Ereignisse)

Meine kleine Tochter zerreißt die Zeitung, die ich gerade

lese, weil ich nicht mit ihr spielen will.

B   Ihre Ideen über die Aktivierenden Erfahrungen/
Ereignisse
Ihre *Einstellung* zu den Aktivierenden Erfahrungen/
Ereignissen

  rB   rationale Ideen/vernünftige Einstellung (in der Form
Ihrer Wünsche oder Abneigungen)

Ihr Verhalten ist nicht schön! Ich mag es nicht. Ich wollte,

sie würde mich mehr respektieren.

  iB   irrationale Ideen/selbstschädigende Einstellungen
*(Muß-turbieren – Katastrophisieren – Abwerten der
Person)*

So etwas sollte sie nicht tun. Sie muß verstehen, daß ich

auch mal Zeitung lesen will. Sie ist ein unmögliches Kind!

C *Konsequenzen* Ihrer Einstellungen/Ideen über die Aktivierenden Erfahrungen/Ereignisse

a) Konsequenzen von rB (angemessene Konsequenzen)

1. emotionale Konsequenzen von rB:

Frustration, Bedauern, Enttäuschung

2. Verhaltenskonsequenzen von rB:

Werde nach Wegen suchen, in Zukunft ihr Verhalten zum

Besseren zu beeinflussen.

b) Konsequenzen von iB (selbstschädigende Konsequenzen)
   1. emotionale selbstschädigende Konsequenzen von iB:

Gerate in Wut

149

2. selbstschädigende Verhaltenskonsequenzen von iB:

Schreie sie an, spiele den ganzen Tag nicht mehr mit ihr, obwohl mir das sonst Spaß macht.

D Disputieren Ihrer selbstschädigenden Ideen/Einstellungen (in Frageform)

Wo ist der Beweis dafür, daß sie sich so nicht verhalten darf? Warum muß sie mich verstehen? Inwiefern ist sie ein unmögliches Kind, wenn sie so etwas tut?

E Ergebnis des Disputierens Ihrer selbstschädigenden Ideen/Einstellungen
a) Antworten auf Ihre Fragen (= Ihre neue Einstellung)

Es gibt keinen Beweis dafür, daß sie sich so nicht verhalten darf, auch wenn es für mich nicht angenehm ist. Ich kann keinen Grund sehen, warum sie mich verstehen muß, obwohl es schöner für mich wäre. Ihr Verhalten macht sie nicht zu einem unmöglichen Kind, sondern nur zu einem Kind, das

sich schlecht benommen hat.

b) emotionale Effekte Ihrer neuen Einstellung
(in Übereinstimmung mit Ihrem Therapieziel):

Enttäuscht, aber nicht wütend

c) Verhaltenseffekte Ihrer neuen Einstellung
(in Übereinstimmung mit Ihrem Therapieziel):

Denke nach, wie ich in Zukunft ihr schlechtes Benehmen

verändern kann, welche Beiträge ich dazu leisten kann.

Institut für Rational-Emotive Therapie und Kognitive Verhaltenstherapie
(DIREKT), Sanderglacisstr. 1, D-8700 Würzburg
Nachdruck nur mit Genehmigung des DIREKT

Rational Self Help Form

Institute for Advanced Study in Rational Psychotherapie
45 East 65th Street/New York, N. Y. 10021

A **Aktivierendes Erlebnis (oder Ereignis)**

B **Annahmen über das aktivierende Erlebnis**

rB rationale Annahmen
(Wünsche und Abneigungen)

iB irrationale Annahmen
(Ihre Forderungen und Befehle)

D **Anzweifeln** oder **Diskutieren** Ihrer irrationalen Annahmen
(tun Sie dies in **Frageform**)

E Auswirkungen (Effekt)

cE kognitive Effekte des Anzweifelns (entspricht rationalen Annahmen)

Übersetzung: Psychologische Praxis Dipl.-Psych.

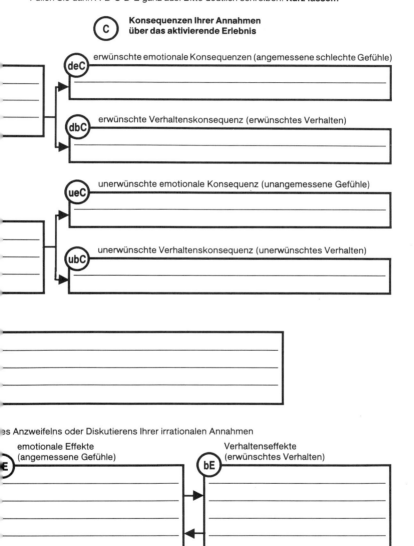

Literaturverzeichnis

Adler, A. (1975). *Menschenkenntnis.* Frankfurt: Fischer.

Aurel, Marc. (1981). *Des Kaisers Marcus Aurelius Antonius Selbstbetrachtungen.* Stuttgart: Reclam.

Atkins, P. W. (1984). *Schöpfung ohne Schöpfer. Was war vor dem Urknall?* Reinbek bei Hamburg: Rowohlt.

Bander, R. & Grinder, J. (1982). *Metasprache und Psychotherapie. Struktur der Magie I.* Paderborn: Junfermann.

Beck, A. T. (1979). *Wahrnehmung der Wirklichkeit und Neurose. Kognitive Psychotherapie emotionaler Störungen.* München: Pfeiffer.

Burns, D. W. (1983). *Angstfrei mit Depressionen umgehen.* Pfungstadt: Minotaurus-Projekt.

Coué, E. (1980). *Was ich sage.* Basel: Schwabe.

Dubois, P. (1907). *The psychic treatment of nervous disorders.* New York: Funk & Wagnalls.

Ellis, A. (1978). *Executive leadership. A rational approach.* New York: Institute for Rational Living.

Ellis, A. (1985). *Overcoming resistance. Rational-Emotive Therapy with difficult clients.* New York: Springer.

Ellis, A. (1987). *Wut. Die Kunst, sich richtig zu ärgern.* Goldmann-Ratgeber.

Ellis A. (1989). *Training der Gefühle.* Landsberg a. L.: MVG.

Ellis, A. & Harper, R. A. (1975). *A new guide to rational living.* North Hollywood, CA: Wilshire Books.

Epiktet. (1978). *Handbüchlein der Moral und Unterredungen.* Stuttgart: Kröner.

Freitag, E. F. (1987). *Hilfe aus dem Unbewußten.* München: Goldmann.

Goldfried, M. R. & Davison, G. C. (1979). *Klinische Verhaltenstherapie.*

Grieger, R. M. (1985). From a linear to a contextual model of the ABCs of RET. *Journal of Rational-Emotive Therapy, 3(2).*

Hauck, P. (1986). Innovations in marriage counseling. *Journal of Rational-Emotive Therapy, 4(1).*

Herzberg, A. (1945). *Active Psychotherapy.* New York: Grune & Stratton.

Hoellen, B. (1986). *Stoizismus und rational-emotive Therapie (RET) – Ein Vergleich.* Pfaffenweiler: Centaurus.

Hoellen, B. & Laux, J. (1987). Antike Seelenführung und Moderne Psychotherapie. *Forschungsberichte des Fachgebietes Psychologie.* Universität Kaiserslautern.

Izard, C. E. (1981). *Die Emotionen des Menschen. Eine Einführung in die Grundlagen der Emotionspsychologie.* Weinheim & Basel: Beltz.

Kassinove, H. (1986). Self-reported affect and core irrational thinking: a preliminary analysis. *Journal of Rational-Emotive Therapy, 4(2)*.

Korzybski, A. *(1933)*. *Science and sanity*. San Francisco: International Society of General Semantics.

Lazarus, A. A. (1978). *Multimodale Verhaltenstherapie*. Frankfurt: Fachbuchhandlung für Psychologie.

Lazarus, A. A. (1980). *Innenbilder. Imagination in der Therapie und als Selbsthilfe*. München: Pfeiffer.

Mahoney, M. J. (1977). *Kognitive Verhaltenstherapie. Neue Entwicklungen und Interpretationsschritte*.

Meichenbaum, D. W. (1979). *Kognitive Verhaltensmodifikation*. München, Wien, Baltimore: Urban & Schwarzenberg.

Pongratz, L. J. (1983). *Hauptströmungen der Tiefenpsychologie*. Stuttgart: Kröner.

Rauch, E. (1987) *Autosuggestion und Heilung. Die innere Selbst-Mithilfe*. Mannheim: PAL.

Riedl, R. (1988). *Biologie der Erkenntnis. Die stammesgeschichtlichen Grundlagen der Vernunft*. München: DTV.

Russel, B. (1982). *Eroberung des Glücks. Neue Wege zu einer besseren Lebensgestaltung*. Frankfurt: Suhrkamp.

Schwartz, D. (1980). Imaginationstechniken in der rational-emotiven Therapie. *RET-report, 1(1)*.

Schwartz, D. (1981). Die rational-emotive Therapie. In: Hockel, M. & Feldhege, F. J. (Hrsg.) *Handbuch der Angewandten Psychologie. Band III. Behandlung und Gesundheit*. Landsberg a. L.: Moderne Industrie.

Schwartz, D. (1983). *Rationeel denken en doen. Praktisch zelfhulpboek voor het analyseren en oplossen van problemen*. Amsterdam: intermediair bibliotheek.

Schwartz, D. (1987). *Gefühle erkennen und positiv beeinflussen*. Landsberg a. L.: MVG.

Schwartz, D. (1987). Rational-emotive Therapie. In: *Welche Therapie?* Weinheim & Basel: Beltz.

Schwartz, D. & Hoellen, B. (1990). „Verbotene Früchte schmecken besonders süß" – Rational-Emotive Therapie mit einer „kleptomanischen" Frau. *Zeitschrift für Rational-Emotive Therapie & Kognitive Verhaltenstherapie, 1*, 51–60.

Spillane, R. (1980). RET's contribution: an argument for argument. *Rational Living, 15(2)*.

Stemme, F. & Reinhardt, K.-W. (1988). *Supertraining. Mit mentalen Techniken zur Spitzenleistung*. Düsseldorf, Wien, New York: Econ.

Tennov, D. (1981). *Limerenz – über Liebe und Verliebtsein*. München: Kösel.

Titze, M. (1979). *Lebensziel und Lebensstil. Grundzüge der Teleoanalyse nach Alfred Adler*. München: Pfeiffer.

Ulsamer, B. (1987). NLP: Konzentration auf das Wesentliche. In: *Welche Therapie?* Weinheim & Basel: Beltz.

Stichwortverzeichnis

A-B-C-Analyse 42, 73
ABC-Theorie 21, 25, 79
A-C-Schluß 94, 102
Adler, Alfred 14, 29 f. 99
Ärger/Wut 23, 34, 37, 41, 52,
118 ff., 123 ff.
Aktivierende Erfahrung siehe
Aktivierendes Ereignis
Aktivierendes Ereignis (A) 22,
25 ff, 40, 65, 79, 90, 94 ff., 102,
112, 117, 121, 124, 126
Allgemeine Semantik 60
Alltagsdenken 21 ff.
Angst/Panik 23, 33 ff., 40, 42,
64 ff., 118 ff.
Auslösendes Ereignis siehe
Aktivierendes Ereignis
Autosuggestion 50

Bandler, R. 62
Beck, Aaron T. 15
Bewertung (B) 24 ff, 27 f.
Beziehungskonflikte 106 ff.
Bibliotherapie 131
Buddha 12
Burn-out 17

Coué, Emile 50

Depression 22 f., 33 ff., 36 ff., 42,
50, 52 f., 79 ff.
Dewey, John 13
Direkt (Deutsches Institut für
Rational-Emotive Therapie und
Kognitive Verhaltenstherapie)
52, 131
Disputieren 40 ff., 48 ff., 53 f.,
57 ff., 134 ff.
Dubois, Paul 14

Ellis, Albert 9, 11, 13 f., 15, 36,
50, 131
Emerson, Ralph W. 50
Emotionspsychologie 16
Encounter-Gruppen 64
Epiktet 12 f., 14, 26
Erektionsstörung 101 ff.
Erziehung 18
Evidenz 55
Evolutionärer Sinn von
Gefühlen 31

Fahrstuhlphobie 69 f.
Familientherapie 106
Ferntherapie 132
Freitag, Erhard 50
Freud, Sigmund 13 f., 29 f., 40,
99
Friedrich der Große 13
Frustrationstoleranz 38, 70 f.,
74 f., 79 ff., 85
Frühe Kindheitsschicksale 21

Gefühle, angemessene und
unangemessene 30 ff.
Gestalttherapie 64
Goethe 13
Goldfried, M. R. 15
Grieger, Russell 70
Grinder, J. 62

Hauck, Paul 113
Hedonismus 85
Herzberg, Alexander 14

Impotenz 100 ff.
Individualpsychologie 30
Inneres Selbstgespräch (B) 27 ff.,
60, 69 ff.

Institut für Rational-Emotive
Therapie und Kognitive
Verhaltenstherapie
(Direkt) 52, 131
Interpretation (B) 24 ff., 27 f.
Izard, Carroll E. 31

Jung, C. G. 14

Kassinove, H. 71
Katastrophisieren 37, 97 f.,
134 f.
Kognitive (Verhaltens)-
therapie 16
Kognitive Wende 15
Kommunikationspsycholo-
gie 106
Konsequenzen (C):
angemessene 30 ff.
emotionale 22, 65, 95
unangemessene 30 ff.
Verhaltens- 23
Kontrollzwang 118 ff.
Kopfschmerzen 124
Korzybski, Alfred 60
Kritischer Rationalismus 20
Kurzzeithedonismus 85

Langzeithedonismus 85
Lazarus, Arnold 15
Lebensbrevier 12
Lebensphilosophie 49 f., 66, 83,
123
Lebensziel 29 ff.
Liebe, neurotische 94

Mahoney, M. 15
Manipulation 93
Marc Aurel 12
Meichenbaum, Donald 15
Metaproblem 101 ff., 133, 137 ff.
Minderwertigkeitsgefühl 30
Misanthropie 33
Motivierung 31
MURPHY, JOSEPH 50
Muß-Annahmen 34 f., 40 f.,
43 f.

Negative Gedanken 51

New Guide to Rational Living, A
(Ellis & Harper) 11

Ödipuskomplex 13, 30
Operantes Konditionieren 76

Panik siehe Angst
Partnerprobleme 106 f..f.
Peale, Norman V. 50
Perfektionismus 121 f.
Phobie 69 f.
Popper, Karl 20
Portmann, Adolf 18
Positives Denken 50
Psychoanalyse 13, 29, 119

Rational 32
Rationalisierung 73
Rogers, Carl 14 f.
Russell, Bertrand 13

Schuldgefühle 36, 41, 52, 87 ff.,
100
Schwarz-Weiß-Denken 61
Schwarzes-Katzen-Beispiel 89 f.
Selbstakzeptierung 90, 92 f.
Selbstaufopferung 17 f.
Selbstbescheidung 17
Selbsthilfeformular 52 f., 79
Selbstinteresse 18
Selbstmanagement 73 ff.
Selbstmordversuche 94
Semantik 62
Seneca 12
Sexualtherapie 11, 99 ff.
Sexualforschung 99
Sexualität 30, 94, 99 ff.
Sexualpsychologie 100
Shame-attacking exercises 71
Skepsis 20
Skinner B. F. 76
Soziale Moral 18
Spinoza 13
Stoiker 12
Stoische Philosophie 12 f.
Suinn, Richard M. 51
Supertraining 51
Symptomstreß 69 f.

Systematische Desensibilisierung 69 f.

Tennov, Dorothy 94
Therapieplan 69
Therapieziel 16
Tiefenpsychologie 29, 88, 99
Transformationsgrammatik 62

Unzulässige Verallgemei-
nerung 61

Verhaltenstherapie 15, 76
Vermeidungsverhalten 119 f.

Verstärkungsprinzip 116

Wesenskern des Menschen 47
Widerstand gegen
Veränderung 73 ff.
Widerstands-ABC 74
Wissenschaftliche Methode
20 f., 41
Wut siehe Ärger

Zenon 12
Ziel 32 ff.
Zwang 118 ff.

Adressen von Psychotherapeuten und Beratern, die auf der Basis der Rational-Emotiven Therapie arbeiten:

Deutsches Institut für Rational-Emotive Therapie und
Kognitive Verhaltenstherapie (DIREKT),
Leitung: Dieter Schwartz, Sanderglacisstr. 1, D-8700 Würzburg.

Streßmanagement
Paar-, Ehe-, Scheidungsberatung
Blocktherapie für auswärtige Patienten
Psychotherapie
Ausbildung in RET und Kognitiver Verhaltenstherapie

2800 Bremen, Christof T. Eschenröder, Treseburger Str. 15
4800 Bielefeld, H. P. Steffen, Kollwitzstr. 7
4930 Detmold, Kurt A. Richter, Allee 9
5000 Köln 1, Konrad P. Becker, Sudermannstr. 10
5600 Wuppertal 2, Rainer Ulsmann, Langobardenstr. 2
6270 Idstein 4, Gisbert Redecker, Neugasse 1 a
6472 Bad Salzschlirf, Karsten Feld, Lindenstr. 5
6530 Bingen 16, Dieter Simon, Im Schwendel 11
6640 Merzig, Dr. B. Hoellen, Friedrichstr. 7
6930 Eberbach, Gerd Eifflaender, Stettiner Str. 8
7012 Fellbach, Johannes P. Austermeier, Christofstr. 4
7500 Karlsruhe 1, Dr. Fred Huber, Markgrafenstr. 8
N-2300 RB Leiden, R. F. W. Diekstra, Wassenaarsweg 52